Marion Schneider

Ein Jahr im Kungfu-Kloster Shaolin

HERDER / SPEKTRUM

Band 4621

Das Buch

Von Köln nach Shaolin. Nachdem er den Fernsehfilm über einen chinesischen Mönch gesehen hat, hat der 10jährige David einen Traum: Er will nach China, in das berühmte Kloster Shaolin. Sofort und für ein Jahr. Sein Traum erfüllt sich. Ein Jahr lang lebt David allein im berühmten chinesischen Kloster Shaolin, in dem die traditionellen Kampfkünste gelehrt werden. Er begegnet dort auch dem alten Mönch, der ihn im Film so fasziniert hat. Er lernt, fließend chinesisch zu sprechen, macht Kalligraphie, meditiert in den Bergen und findet unter den Mönchen richtige chinesische Lehrer, wie er es sich gewünscht hat. Von den Abenteuern, die für die ganze Familie zu bestehen sind, berichtet Marion Schneider. Von ihrem aufregenden Weg, der sie über Umwege nach Shaolin führt, wo sie David dann zurücklassen. Vor allem aber von den Erlebnissen Davids allein in der Fremde. Der kleine Junge dringt tief ein in die chinesische Welt, und auf seinem Weg erfährt auch der Leser auf intelligente, ernste und humorvolle Weise viel über das heutige China, seine Menschen, seine Religion, seine Tradition und Kultur. Das Buch beginnt in Deutschland und endet mit der Wiedereingliederung und dem bewußten Leben des Kindes zwischen den Kulturen. Auf der Grundlage von 17 Jahren China-Erfahrung vermittelt die Autorin den Lesern eine fremde und faszinierende Welt. Sie bringt die Geschichte und Kultur eines Landes nahe, für die das Kungfu-Kloster Shaolin eine zentrale Rolle spielt.
Nach dem faszinierenden Fernsehfilm jetzt der faszinierende Bericht der Mutter.

Die Autorin

Marion Schneider studierte Germanistik, Geschichte, Philosophie und Kunstgeschichte in Köln. Sie arbeitete als Gymnasiallehrerin und an der Universitätsbibliothek Köln; war in der Erwachsenenbildung und als Journalistin tätig. Sie war Dozentin für Fachsprache Wirtschaft, leitete eine Sprachenschule, einen Groß-Kundenvertrieb und baute die China-Abteilung einer großen Weiterbildungsgesellschaft auf. Sie beriet große deutsche Firmen im Zusammenhang mit deren Kooperation mit China und arbeitet im Kultursektor als Asien-Spezialistin. Die Autorin hat fünf Kinder.

Marion Schneider

Ein Jahr im Kungfu-Kloster Shaolin

Der 11jährige David allein in China

Herder
Freiburg · Basel · Wien

Für meinen Mann Helmut und für unsere fünf Kinder:
Marion, Alexander, Michael, David und Natascha

Gedruckt auf umweltfreundlichem,
chlorfrei gebleichtem Papier

Originalausgabe

Alle Rechte vorbehalten – Printed in Germany
© Verlag Herder Freiburg im Breisgau 1997
Lektorat: Karin Hasselblatt
Satz: Rudolf Kempf, Emmendingen
Druck und Bindung: Freiburger Graphische Betriebe
Umschlaggestaltung: Joseph Pölzelbauer
Umschlagfoto: Uli Franz
ISBN 3-451-04621-0

Inhalt

Vorwort ... 7
Ein Wort des Dankes ... 8

ERSTER TEIL

Unterwegs in China ... 11
Mama, ich hab einen Traum ... 13
Ein teures Telefongespräch ... 15
Die 36 Kammern der *Shaolin* ... 16
Was kostet ein Ticket nach China? ... 20
Kampfsport und mehr ... 22
Eine schwere Entscheidung ... 23
Das machen wir gemeinsam ... 25
Ich möchte so gern einen Meister finden ... 26
Aufbruch in die fremde Welt ... 27
Ankunft in Shanghai ... 28
Mit dem Zug nach Henan ... 35
Endlich in Shaolin ... 40

ZWEITER TEIL

Vor verschlossenen Klostertüren ... 42
Hier ist es so gemütlich ... 43
Gespräche mit dem Vize-Abt ... 44
Kungfu heißt hier *Wushu* ... 51
Direktor Chen und die *Wushu*-Schule ... 56
„Komm wieder, wenn du mehr kannst" ... 59
20 Sätze Chinesisch ... 59
Begegnungen mit den Mönchen ... 60
Der alte Abt ... 62
Im Inneren des Klosters ... 62
In der Halle der Höchsten Harmonie ... 69

Bekannt wie ein bunter Hund	69
Abschied der Eltern von Shaolin	71

DRITTER TEIL

Davids Zimmer in der Wushu-Schule	75
Die Reise nach Putuo Shan	78
Die Sorgen der Großmütter	80
Begegnung mit dem Buddhismus	82
Alltagsleben im Kloster	83
Täglich sieben Stunden Körpertraining	88
Zu Besuch bei David	90
Im ganzen Dorf Kredit	91
Von Tiger, Schlange und Phönix	93
Das sind meine Freunde	95
Auf dem Berg bei *Damo*	96
Das *Shaolin-Kungfu*	98
Treffen in Shandong	103

VIERTER TEIL

Ein kleiner Mönch	108
Begegnung mit Su Yun	111
Meditation für einen Elfjährigen	115
Wir sollen Sie von Ihrem Sohn in China grüßen	117
Gemeinsame Reise nach China	118
Zu Hause in *Shaolin*	120
Rückkehr nach Köln	125
Nachdenken über die Konsumgesellschaft	128
Jiaozi	133
Was ist geblieben?	134
Pingdingshan	138
Heimweh nach *Shaolin*	145
Chinas Dynastien auf einen Blick	148
Glossar	149

Vorwort

Als sich die Lektorin des Verlags an mich wandte, um zu erfragen, ob ich bereit sei, die Erlebnisse rund um Davids chinesisches Abenteuer als Buch zu veröffentlichen, da hatte ich einen großen Teil des Stoffes bereits niedergeschrieben. Zunächst für mich selbst, für unsere Familie. So spannend war die Geschichte für uns, viel mehr als nur eine interessante Story, ein Thema, das die Familie bis heute in Atem hält, mit dem alle sehr ernsthaft umgehen. Das Schreiben barg dann beide Möglichkeiten in sich, zum einen, unsere eigenen Erfahrungen, die Ängste, die Freude, die Eindrücke der Reisen zu verarbeiten, alles gleichsam noch einmal zu erleben, zum anderen, all denen, die sich für Davids Aufenthalt im fremden Land interessierten, Einblicke in die geheimnisvolle Welt Chinas zu ermöglichen und die Leser nach Shaolin, in das berühmte chinesische Kloster, zu entführen.

Wir erhalten viele Briefe, von Kindern und Jugendlichen, die gern selbst solche Erfahrungen machen wollen, aber auch von Erwachsenen, die nachvollziehen möchten, wie wir als Eltern mit Davids Wunsch umgegangen sind.

Alle Erfahrungen sind authentisch. Wir haben vieles selbst erlebt, gesehen, gehört; anderes haben wir aus Briefen, Erzählungen, von anderen Personen erfahren. Aus diesem Mosaik hat sich langsam unser Bild zusammengesetzt, unser Bild von China, von den Menschen, der fremden Kultur, von den Religionen und Philosophien, von Shaolin, von unserem Sohn im fernen Land. Er selbst ist mein aufmerksamster Kritiker, er hat alles Aufgeschriebene immer wieder auf den Wahrheitsgehalt hin geprüft.

Marion Schneider
Köln 1997

Ein Wort des Dankes

Allen, die durch interessierte Fragen und ermutigende Gespräche zum Gelingen des Buches beigetragen haben, möchte ich herzlich danken.

Mein Mann hat behutsam die Entstehung verfolgt und den Schreibprozeß sehr kritisch begleitet. Ihm verdanke ich die wichtigsten Impulse. Er hat sich die Mühe gemacht, Teile des langsam wachsenden Buches mit wahrlich asiatischer Geduld zu lesen, so, wie er alle meine Texte liest.

Meinem Verlag möchte ich für das in mich gesetzte Vertrauen und die kompetente und gute Betreuung danken.

David und meinen anderen Kindern möchte ich danken, daß sie sich immer wieder auf unsere vielen bereichernden, aber auch anstrengenden Diskussionen während des Schreibens eingelassen und das Buch stark mit beeinflußt haben.

Unserem „chinesischen Sohn" gilt darüber hinaus ein spezielles Wort des Dankes, weil er uns durch seinen Traum ermöglicht hat, im fremden Land soviel über uns selbst und unser eigenes Land zu lernen.

Nicht zuletzt möchte ich all unseren chinesischen Freunden danken, Menschen, denen wir nur kurz begegnet sind, oft nur ein Gespräch lang, aber auch den Freunden, mit denen uns eine jahrelange intensive Freundschaft verbindet. Den Shaolin-Mönchen, die trotz großer Bedenken David für ein Jahr aufgenommen haben, den hilfsbereiten und gastfreundlichen Menschen im ganzen Land, die unser Chinabild so positiv geprägt haben, allen, die es uns erlaubten, tiefe Einblicke in ihre Kultur zu bekommen und uns in China zu Hause zu fühlen.

Nur, wer fähig ist, sich selbst zu besiegen, seine Eitelkeit, seinen Zorn, darf den Weg zur Vollendung beschreiten ...

Die Schwäche überwinden, die Persönlichkeit formen, denn am Ende des Weges steht die Harmonie der Meister.

Weisheiten der Shaolin-Mönche
Aus: Die 36 Kammern der Shaolin

ERSTER TEIL

Unterwegs in China

Der Zug fährt durch unendliche Weiten. Riesige dunkle Wälder wechseln ab mit grünen Terrassenfeldern, dazwischen liegen tiefblaue Seen, umstanden von Schilf; dann wieder sehen wir gelbbraune Lößplateaus vor uns, Menschen, vorwiegend ältere, die in gebückter Haltung die rechteckigen Felder bearbeiten. Netze von Bewässerungskanälen.

Kleine malerische Dörfer, die meisten der ockerfarbenen Häuschen sind aus Lehm gebaut, die geradlinige Anordnung scheint einer bestimmten geometrischen Ordnung zu folgen. Typisch chinesische Rundbrücken über schmalen Bächen, die sich durch die sattgrünen Sommerwiesen schlängeln, kleine *Pagoden* oben auf sanften Hügeln gegen die untergehende Sonne.

Auf breiten Kanälen transportieren die Dorfbewohner alles, was man sich nur vorstellen kann, angefangen von sandfarbenen und gelbroten Ziegelsteinen, die direkt hier aus den Ziegelbrennereien mit den hohen Schornsteinen kommen, über eben geerntetes Obst und Gemüse in für uns unvorstellbaren Farben bis hin zu großen, dunklen Bergen von Rohkohle. Die Händler, die all diese Waren in die Städte bringen und dort verkaufen wollen, schützen sich gegen die brennende Sonne mit breitrandigen Strohhüten.

Hoch beladene Lastkähne, farbige Motorboote, alte *Dschunken*, größere Transportschiffe und riesige Tanker befördern gewaltige Gütermengen. Bauern folgen Ochsengespannen durch bewässerte Äcker, barfuß.

Die beiden Kähne dort drüben, das scheint eine kleine ländliche Hochzeitsgesellschaft zu sein. Im ersten Boot steht aufrecht ein junges Paar, wunderschön anzusehen in traditioneller, farbenprächtiger Hochzeitskleidung, voller Würde. Im zweiten Boot, da folgen Familienmitglieder mit dem Hausstand: ein großer Schrank, zwei Kommoden, zwei Betten, ein Tisch, alles aus Holz, vier Korbstühle und einige alte, schwarz lackierte und bunt bemalte Kisten, wohl gefüllt mit einer nicht zu üppigen Aussteuer.

Die fremdartigen Formen der ein- und zweigeschossigen Dorfhäuser mit den hochgezogenen Dächern, die wir rechts vom Zug sehen, gefallen uns sehr. Dann wieder sehen wir über viele Kilometer nichts als Hochhäuser, die bunte Wäsche auf den Balkonen flattert lustig im Wind. Hunderte von Radfahrern fahren langsam und gleichmäßig an der Bahnlinie entlang; hoffnungslos überfüllte alte Busse, eilige Autofahrer, die hektisch an den langsameren Eselskarren vorüberdrängen; viele Motorräder sind zu sehen und ermüdete Träger, die mit Hilfe der Bambusstange, die sie über dem Rücken tragen, schwere Lasten schleppen. Vor den riesigen Reklametafeln stehen Arbeiter auf hohen Leitern. Später werden wir erfahren, daß die Werbeplakate in China alle sorgfältig mit der Hand gemalt und beschriftet werden.

Der Zug fährt langsamer, gleich erreichen wir einen Bahnhof. In einem Park sind alte Männer zu sehen, die ihre Käfige mit einem Vogel darin an einen Ast hängen und dann beim Karten- oder Brettspiel Unterhaltung suchen.

Wir sind unterwegs von Shanghai nach Zhengzhou. Unser Ziel ist Shaolin, das berühmte buddhistische Kloster. Unsere kleine Tochter sitzt, noch ganz erschöpft von den Strapazen der Reise und der letzten Tage in einer der größten Städte der Erde, neben meinem Mann und nimmt begierig alles auf, was sie sieht. Ihr zehnjähriger Bruder ist ein wenig eingenickt.

Er liegt in meinen Arm gekuschelt, eine blonde Haarsträhne ist ihm in die Stirn gefallen; er hält mich ganz fest mit seiner kleinen Hand, vergewissert sich immer wieder im Schlaf, daß ich noch da bin. Ich sehe Menschen und Landschaften vorüberziehen und denke daran, wie diese ganze Geschichte angefangen hat, vor wenigen Monaten, zu Hause, in Köln.

Mama, ich hab einen Traum

Ja, ich erinnere mich noch sehr gut: Es geschah an einem frühlingshaft warmen Sonntagmorgen im März. Ich hatte mir mit unserem kleinen Sohn David einen spannenden Fernsehfilm über einen chinesischen Mönch angesehen. Der alte Kungfu-Meister, Su Yun war sein Name, wollte vor seinem Tod noch einmal eine Pilgerfahrt zu den buddhistischen Klöstern machen, die ihm so wichtig waren. Zwei junge Mönche reisten mit ihm. Ein deutsches Fernsehteam begleitete die drei, die aus dem Kloster Shaolin kamen, auf der Reise nach Shanghai. Von dort aus wollten sie weitere berühmte Klöster besuchen. Auf der Insel *Putuo Shan*.

Wir waren fasziniert von dem alten Mönch. Wie so oft nach Filmen, die unsere Phantasie anregen, sprachen wir über wichtige Einzelheiten; wir waren noch ganz gefangen von diesem Thema.

Der Sonntagmorgen war ruhig, wir waren ganz für uns, was bei unserer großen Familie mit fünf Kindern nicht oft vorkommt.

Die Älteste konnte an diesem Tag nicht kommen, weil sie sich in ihrer eigenen Wohnung intensiv auf eine Prüfung vorbereitete. Die Zwillinge hatten ein wichtiges Fußballspiel, na klar, ohne die beiden hätte der Verein keine Chance, das Spiel zu gewinnen, und die kleine Schwester war in ihrem Zimmer ganz vertieft in das Spiel mit den geliebten Puppenkindern. Nichts kündigte an, daß dieser friedliche Sonntag anders verlaufen würde als die anderen Tage, die ich – wenn ich nicht arbeiten muß und wir einmal keine Gäste haben – so gern mit meinen Kindern verbringe, mit viel Zeit und Ruhe füreinander.

Nichts deutete darauf hin, daß an diesem sonnigen Sonntagmorgen etwas Besonderes, etwas Außerordentliches passieren würde, etwas, das unser Leben verändern würde. Und dann geschah es: „Mama", sagte mein kleiner Sohn, „ich hab einen Traum." Noch war ich ganz souverän. „Was ist es denn, mein Schatz?" – „Du, ich möchte nach China fahren."

Es geschieht wohl nicht selten im Leben, daß wir die Bedeutung einer Situation oder eines bestimmten Moments im Leben nicht sofort erfassen. Sehr viel später erst fühlen wir, daß ein Gespräch keinen ‚normalen' Verlauf genommen hat. Ahnungslos, wie ich war, fand ich die Idee gut: „Ist in Ordnung. Du kannst gleich nach dem Abitur fahren." Hatte ich doch solche Abenteuerreisen im Sinn, wie sie Jahre zuvor viele junge Leute nach Indien gemacht hatten.

Sein „Nein" hätte mich stutzig machen sollen. Ich kenne meinen Sohn doch. Wenn er beharrlich bei einem Thema bleibt, wenn er sich so ernsthaft mit uns unterhält, dann steckt meist mehr dahinter.

„Nein", sagt er, „dann ist es zu spät." – „Na ja", räume ich ein, „meinst du vielleicht einmal in den Sommerferien, mit der Familie? Das ist sehr teuer. Da müssen wir tüchtig sparen."

Für mich war das Thema damit erledigt, nichts Auffälliges war daran, daß mein Sohn mit mir über China sprach. Durch meine damalige Position als Leiterin einer großen Sprachenschule hatte ich mit vielen Kulturen zu tun, und unsere Kinder lernten Menschen aller Hautfarbe und aus vielen Ländern der Erde kennen.

Jeden Monat waren ausländische Programmteilnehmer bei uns zu Gast. Sie trainierten bei uns ihre deutschen Sprachkenntnisse, feierten mit uns deutsche Feste und lernten bei uns deutsches Familienleben kennen. Und die Begegnungen mit ihnen übten natürlich auch auf die Kinder Einfluß aus.

Zu China spürten wir eine große Nähe. Ich selbst war bereits nach China gereist, und unsere Kinder hatten neben Besuchern aus anderen Teilen der Welt mehrere hundert chinesische Gäste bei uns kennengelernt.

„Nein, Mama, ich will jetzt nach China. Ich muß dahin." David sprach leise, wie beiläufig, völlig ohne Nachdruck, gerade so, als würde er mir eröffnen, daß er mal eben zum Dom wolle, wie so oft in seiner Freizeit, zum Spielen, zum Inline-Skaten, um Freunde zu treffen.

Ich schluckte. Nach China, nun ja. Ich wußte, daß meine Kinder sehr phantasiebegabt sind, daß sie uns oft mit ihren Ideen überraschen. Meine älteste Tochter hatte jahrelang jeweils längere Zeit in Italien gelebt, dann wieder in Deutschland. Die großen Söhne zog es stärker in die USA. Der eine plante bereits sein Schüleraustauschjahr, und der Zwillingsbruder wollte zumindest eine längere Reise in die USA machen. Die Kleinste hat durch ihr Ballett eine große Affinität zu Osteuropa. Mehrmals war sie mit der Ballettlehrerin und ihrer Gruppe in die Slowakische Republik gereist, um in Bratislava zu trainieren und in der Oper Aufführungen anzuschauen.

Und nun hatte David die Idee, nach China zu fahren. Interessant. Ich schreckte aus meinen Gedanken hoch.

„Mama, meinst du, die Mönche erlauben das?" – „Was denn, David?" „Na, daß ich im *Kloster Shaolin* lebe. Für ein Jahr." In diesem Augenblick war ich zu keiner Antwort fähig.

Ein teures Telefongespräch

Wer konnte mir über das berühmte Kloster Auskunft geben? Ich hatte hier und da etwas über Shaolin gelesen, eher zufällig, hatte Filme gesehen, die einfach nur die pittoreske Landschaft als Kulisse nutzten oder auch in der ruhmreichen Vergangenheit von Shaolin selbst spielten.

Weder der Fernsehsender, der den Film über Su Yun gezeigt hatte, noch die Chinesische Botschaft wußten Näheres. Wie auch. Also ein Telefonat mit dem Kloster?

„Natürlich bekommen Sie Bescheid. Aber es dauert eine Weile. Wir rufen zurück." Das Fräulein vom Amt wirkte leicht ungehalten. Sie hatte mir schon erklärt, daß es, wenn man die Durchwahl nicht kennt, schwierig sei, nach China zu telefonieren, daß es in Deutschland kein Verzeichnis der chinesischen Telefonnummern gebe. Man ruft eine Zentrale in China an und bekommt die gewünschte Verbindung, und der deutsche Teilnehmer wird dann angerufen. Aber das dauert eben manchmal sechs oder acht Stunden.

Ich wollte das Kloster Shaolin erreichen. Es dauerte eine Weile, bis ich es auf der Karte fand. Also, wenn man von Peking (Beijing) aus nach Süden fährt und von Shanghai aus nach Nordwesten, ungefähr da, wo sich diese Linien treffen, da liegt Shaolin. In der Provinz Henan.

„Moment mal, Shaolin, davon habe ich doch schon gehört. Ist das nicht ...? Na sicher", sagte die junge Dame von der Auslandsauskunft später in unserem Gespräch, „ich habe vor Jahren eine Fernsehserie gesehen, mit David Carradine als Mönch in Shaolin, ergreifend war das. Ihre Gebühren wollen Sie wissen? Das sind DM 89,70. David Carradine. Ich habe ihn sehr gemocht, als einsamen Mönch."

Wir haben mehrmals nach China telefoniert. Für insgesamt DM 312,20.

Die 36 Kammern der Shaolin

Ein paar Tage waren seit dem ersten Gespräch mit David vergangen. Ich versuchte, mir über die Situation klar zu werden. Was war geschehen? David wollte nach China reisen. Nun gut. Andere wollen nach Mallorca, nach Griechenland oder sogar in die Südsee. Nur, die kommen dann nach drei, vier Urlaubswochen zurück. Gemeinsam mit ihren Eltern.

Mein kleiner, temperamentvoller Sohn hatte nun seinen Wunsch geäußert, einen ungewöhnlichen, zugegeben, aber mir blieb doch immer noch die Entscheidung. Ich konnte ablehnen. Obwohl das nicht in mein Erziehungskonzept paßt. Träume werden in unserer Familie sehr ernstgenommen.

Immer wieder hatte ich festgestellt, daß unsere Kinder sehr selbständig geworden waren und sich enorm entwickelten, wenn sie um eine Entscheidung kämpfen mußten, wenn sie ihre Wünsche, mitunter auch gegen Widerstände, durchsetzen wollten.

Dürfen Eltern ihrem Kind einen solchen Wunsch abschlagen? Was würde in dem kleinen, sensiblen Jungen geschehen, wenn er seinen Lebenstraum nicht realisieren konnte? Aber welche Verantwortung kam auf uns zu, wenn wir auf ihn eingingen?

Den Traum eines Kindes ernst nehmen. Mir wurde langsam klar, daß dies eine Trennung von meinem Sohn bedeutete. Ich mußte ihn loslassen. So früh schon?

Natürlich, Ablösung vom Elternhaus ist kein plötzliches Ereignis, es ist ein permanenter Prozeß.

Sehr bewußt hatten wir als Eltern all die kleineren Trennungen miterlebt, die Geburt selbst (vier meiner fünf Kinder sind zu Hause geboren), die ersten Schritte, den ersten Tag im Kindergarten, die Einschulung, den Übergang zur weiterführenden Schule. Meine älteste Tochter hat seit Jahren ihre eigene Wohnung. Ich war also nicht ungeübt im Abschiednehmen, im Loslassen.

Aber hier wollte ein kleiner Junge im Alter von zehn Jahren „in die große weite Welt" gehen. Das war doch etwas anderes. Wie würde mein kleiner, liebebedürftiger Sohn zurückkehren? Welche Veränderungen würde er durchlaufen? Trotz der schmerzlichen Erfahrungen, die auf mich zukommen würden, wußte ich schon jetzt, daß ich mein Kind unterstützen mußte.

Es war nicht die Frage, ob ich dies auch wollte. Mir war bewußt, daß es schwer sein würde. Langsam wurde mir klar, daß ich Angst hatte, nicht nur um ihn, sondern Angst vor den Veränderungen und Angst um die Beziehung zwischen meinem Sohn und mir.

Wie er kämpfte und sich für seinen Traum einsetzte! Jeden Tag sprach er von seinem Aufenthalt in China und hatte schon sehr konkrete Vorstellungen. Später würden wir erfahren, daß er bereits zu diesem Zeitpunkt, als noch nichts feststand, mit Lehrern und Freunden darüber sprach, als sei es eine ausgemachte Sache.

Er informierte seine Umgebung lediglich darüber, daß er demnächst nach China gehen werde, gleich nach den großen Ferien. Seine Mitschüler wußten nicht, ob sie das ernst nehmen sollten.

Ich dachte an meine ersten Begegnungen mit China. Was verband uns mit diesem Land? Ich sah Bilder an mir vorüberziehen, von den malerischen Landschaften, von den wunderbaren Sehenswürdigkeiten und Kunstwerken, Bilder von meinen Reisen, als ich allein unterwegs gewesen war im Reich der Mitte, um mich mit dem Land, den Menschen und ihrer Mentalität zu beschäftigen.

Immer mehr Chinesen kamen damals in die große Sprachenschule, in der ich arbeitete, aber niemand von uns kannte die Kultur aus eigener Anschauung. Also fuhr ich hin, studierte das Land und die Menschen. Filme fielen mir ein, historische Filme, Dokumentarfilme über die gewaltigen Kulturlandschaften, aber auch Spielfilme, die in dem Land mit dem am weitesten zurückreichenden Geschichtsbewußtsein spielten.

Natürlich hatten meine Kinder auch spannende Kampffilme angeschaut, manchmal mit dem gutgemeinten, milde gesprochenen, etwas spöttischen Kommentar meiner großen Söhne: „Mama, wir wollen jetzt einen Film sehen, du machst in der Zeit besser etwas anderes, der Film ist nichts für dich."

Trotzdem war ich jedesmal geblieben und hatte zumindest meinem Mißfallen über die zu einfach gestrickten Konzeptionen oder die zu brutal gestalteten Kämpfe Ausdruck verliehen.

Doch ich mußte zugeben, daß ich von den mystischen Inhalten genauso fasziniert war wie meine Kinder.

War es der Kampfsport, der David so fesselte? Bestimmt war das die eine Seite seines Wunsches. Drei Jahre lang hatte er bereits *Taekwondo* praktiziert, die koreanische Kampfsportart. Der Siebenjährige war damals sicher auch angeregt worden durch seine großen Brüder, die sich ebenfalls für Taekwondo interessierten und zweieinhalb Jahre diesen Sport betrieben. Wir hatten darüber gesprochen, daß die Kampfkunst ursprünglich aus China kommt.

David hatte beiläufig Bildbände angeschaut, die bei uns im ganzen Haus zu finden sind, über die verlassenen Kaiserpaläste, die beeindruckenden Gräber der *Ming-* und *Qing-Dynastie*, über die immer noch lebendige *Peking-Oper* und die *Seidenstraße*, den uralten Handelsweg, über die malerischen Flußlandschaften und über *Kungfu*, den berühmten chinesischen Kampfsport.

Immer, wenn in Büchern von Kampfsport die Rede ist, dann wird Shaolin genannt, das berühmteste chinesische Kloster.

Mein Sohn hatte mit chinesischen Gästen bei uns zu Hause herumgetollt und mit ihnen gemeinsam Chinesisch gekocht. Er hatte seinem Vater zugeschaut, wenn er *Taijiquan* machte.

Aber was fesselte David nun derart, daß er ein ganzes Jahr in einem fernen Land bleiben wollte? War es die Philosophie, die Suche nach Antworten? Welche Fragen hat ein Zehnjähriger?

Ich sah aus dem Fenster auf die Hinterhöfe, mein Blick fiel auf die ineinander verschachtelten dunklen Dächer zwischen Eigelstein und Stavenhof, weiter entfernt war der Fernsehturm zu sehen. Da mußte ich plötzlich an eine Geschichte aus dem alten China denken:

Der Shaolin-Kämpfer war ganz nah: „Wie weit ist es noch zum Kloster Shaolin?" fragt der Student Yu Te.

Er will die Kampfkunst von den Mönchen des berühmten Klosters erlernen und an die Unterdrückten weitergeben.

Bis zu diesem Zeitpunkt aber haben die Mönche ihre Kampfkunst nur zur Verteidigung des eigenen Klosters einge-

setzt. Keinesfalls darf die geheimnisvolle Lehre das Kloster Shaolin in der Provinz Henan verlassen.

Yu Te macht sich auf den Weg, den beschwerlichen Weg durch fünfunddreißig Kammern. Die Kammern, in denen die Schüler bestimmte Formen lernen, stehen für Schwierigkeitsgrade. Der Mönch aber muß lernen, sich selbst zu besiegen. Erst als er diese Zusammenhänge durchschaut, ist er würdig, ein echter Shaolin-Kämpfer zu sein.

Bevor Yu Te sein Wissen an die Menschen draußen weitergeben kann, wird er zur Strafe aus dem Kloster ausgeschlossen. Obwohl die Mönche ihn schätzen und die Entscheidung bedauern, können und wollen sie nicht gegen ihre eigenen Gesetze verstoßen. Dann aber ist sein Weg frei.

Die Bilder in meinem Kopf verblassen. Yu Te kämpft gegen sich selbst, gegen alle menschlichen Schwächen. Und warum will David nach Shaolin?

Was kostet ein Ticket nach China?

Davids Vater ist sehr vorsichtig, immer vernünftiger als ich, das ist so seine Art. Er möchte verhindern, daß die ganze Sache, sollte Davids Wunsch nicht in Erfüllung gehen, zu einer großen Enttäuschung führt. Die Telefonate, die ich mit einem der bedeutendsten Klöster unter dem Himmel geführt habe, haben nicht viel ergeben.

Die Mönche sprechen kein Englisch: „Ja, Sie können uns besuchen", sagt ein höflicher Mönch mit tiefer Baßstimme lebhaft auf Chinesisch, „viele Besucher kommen zu uns." – „Und kann man bei Ihnen Kungfu lernen?" Der Mönch versteht mich nicht. Später lernt David, daß die Kampfkunst in China *Wushu* heißt ...

„Kann man auch längere Zeit bei Ihnen bleiben?" versuche ich es anders. „Das geht", sagt freundlich der buddhistische Mönch im fernen Land, „manche Touristen bleiben den ganzen Tag." So habe ich es nicht gemeint, ich frage erneut, es gibt akustische Probleme, aber auch sprachliche. Mehrere Mönche kommen eilends ans Telefon, teils neugierig, teils, weil sie helfen wollen; sie sprechen schnell, sie sprechen alle durcheinander.

Der Dialekt macht es nicht einfacher. Wenn ich nicht verstehe, sprechen die tapferen Kämpfer einfach lauter, als ob dadurch die chinesische Sprache für mich leichter würde ...

Wir einigen uns darauf, daß mehrere Personen aus unserer Familie das Kloster besuchen werden, „ja, ein kleines Gästehaus gibt es auch bei uns in Shaolin. Kein Problem, ihr könnt gerne kommen. Ihr seid herzlich eingeladen!"

Ich wage schon gar nicht, am Telefon über Geld zu sprechen, dafür habe ich nicht genügend Kenntnisse der chinesischen Zahlen. Die Frage der Kosten werden wir vor Ort klären müssen.

Helmut, mein Mann, staunt, daß ich mit soviel Energie an die Sache herangehe. Seine Reaktion ist, wie immer, bedächtiger. Er sieht zunächst eine Menge Probleme auf uns zukommen. Wir diskutieren die Frage, was mit der Schule wird. Außerdem wird David auch ein spezielles Visum benötigen; seit Jahren hat er Asthma, wie wird das gehen ohne ärztliche Versorgung? Und überhaupt, er ist doch erst zehn Jahre alt ...

„Was ist, wenn Davids Wunsch sich nicht erfüllen läßt?" fragt voller Bedenken mein Mann.

Einer der Familiensätze in meiner Kindheit war: „Wenn jemand etwas wirklich will, dann schafft er es auch ..." Das sagten schon meine Großeltern, besonders mein Großvater mütterlicherseits, Uropa Josef.

Für mich war es recht schnell klar: „Wir müssen nur erst wissen, ob wir es wirklich wollen, dann schaffen wir es auch. Aber ich werde meine ganze Kraft für die Umsetzung brauchen. Ich weiß, es wird nicht leicht werden, in China die entsprechenden Genehmigungen zu bekommen. Im Augenblick aber weiß ich nicht einmal, ob ich es auch verantworten kann."

Bei solchen Diskussionen verdränge ich die Trennungsängste, die mich überfallen wollen. Ich weiß, daß es für mich sonst fast zu schwer sein würde. Ich möchte mir zunächst das Kloster und die Umgebung anschauen, die Mönche kennenlernen, erkunden, ob das ein Umfeld ist, dem ich mein Kind für ein Jahr überantworten kann.

Wir werden also David begleiten, mit ihm sozusagen Ferien in Shaolin machen, und vor Ort entscheiden, ob wir ihn dort lassen, wenn er es dann immer noch will. Und wenn die Mönche es erlauben. Ich sehe, daß wir dies erst in China klären können, nicht von Köln aus, nicht am Telefon. David nimmt die Diskussionen gelassen: „Was kostet eigentlich ein Flugticket nach China?"

Kampfsport und mehr

„Na klar, ich möchte Kungfu lernen, aber auch Meditation und die chinesische Sprache." (David, 10 Jahre)

„Wenn du ein Meister werden willst, dann mußt du bereit sein zu leiden." (Weisheit der Shaolin-Mönche)

Ich spreche, wie nun oft in diesen Wochen und Monaten, immer wieder mit meinem Mann über den brennenden Wunsch unseres kleinen Sohnes. David ist ein sehr aufgewecktes Kind, sehr selbständig und sportlich begabt. Er könnte hier in einer Sportschule die chinesischen Formen lernen wie zuvor den koreanischen Kampfsport.

Doch das scheint ihm nicht zu genügen. Wir staunen über unser Kind und können keine Antworten auf unsere Fragen finden. Was erwartet er von einem Aufenthalt in Shaolin? Warum reicht es nicht, eine Reise dorthin zu machen und alles anzuschauen? Was findet er so attraktiv an Shaolin? Wie ist er auf die abenteuerliche Idee gekommen, ein ganzes Jahr dort bleiben zu wollen?

Ich kann sehr gut verstehen, daß er den Kampfsport sozusagen ‚an der Quelle' erlernen möchte; aber was stellt sich der Zehnjährige unter Meditation vor? Warum möchte er meditieren? Wieso die chinesische Sprache erlernen? Andere Kinder denken eher an amerikanisches Englisch oder an Französisch oder Spanisch, allenfalls noch Russisch. Viele finden den Fremdsprachenerwerb in der Schule eher „ätzend" ...

Immer wieder erzähle ich nun David von China, versuche, ihm konkrete Informationen zu vermitteln. Er soll sich keine Illusionen machen. Er wird, bei allen positiven Erlebnissen, sicher auch bestürzt sein, wenn er in diesem Land der Gegensätze die Armut vieler Menschen erleben wird. Daneben die hohen Glaspaläste, die neue Konsumgesellschaft.

Geduldig hört David zu, schaut sich Bilder an, von Shaolin-Kämpfern, von dem alten Kloster in den Bergen, historische Aufnahmen und neue Fotos vom brandenden Leben in den modernen Millionenstädten. Er hört unsere Fragen, doch habe ich das Gefühl, daß wir ihn nicht wirklich erreichen mit unseren Bedenken.

Eine schwere Entscheidung

„David, es wird dann ein Jahr länger dauern, bis du die Schule beendet hast, ist dir das klar? Und was machst du, wenn du krank wirst, wenn du Heimweh hast?" David lächelt milde. Kein Einwand, keine Frage kann ihn erschüttern, ihn unsicher machen in seinem Entschluß. Wenn es überhaupt vertretbar ist, dann ist dies der richtige Zeitpunkt, nach Abschluß der Grundschule, vor dem Gymnasium. So denkt er sich das. „Oder?" Das müssen wir einsehen.

Und wenn David nicht durchhält und nach Hause zurückkehren möchte? Welche Probleme werden da zu lösen sein? „Dann kommst du und holst mich ab, Mama." Ganz einfach. „Und wenn du krank wirst? David, hör doch mal zu!" – „Mama, hast du nicht selbst gesagt, daß es in China so gute Ärzte gibt?"

Natürlich, das hatte ich. In Suzhou, in Shanghai, Jinan und Guangzhou hatte ich Krankenhäuser besucht, die Ärzte bei ihrer Arbeit beobachtet, mit Ärzten und Krankenschwestern diskutiert und mich nicht wenig gewundert, daß man in einer so schwierigen Umgebung solch eine gute Arbeit leisten kann.

In einer Abteilung der kleinen Poliklinik in Suzhou, zum Beispiel, Arztpraxen in unserem Verständnis gibt es nicht in China, hatte ich ärztliche Diagnosen erlebt:

Der schon ältere Arzt mit der lustigen weißen Kopfbedeckung fühlte den Puls des unruhigen Patienten, der berichtete, er habe Schmerzen und könne nicht schlafen. Er sah aus wie ein Fünfundfünfzigjähriger. Ich hörte dann, er sei gerade siebzig geworden, habe aber noch alle eigenen Zähne. Stolz lächelte er. Kein Wunder, dachte ich, bei der gesunden, wenn auch nicht üppigen Ernährung, fast ohne Industriezucker, alles frisch und viele Vitamine. (In der jungen Generation ist das inzwischen anders.)

Der Arzt hob das obere Augenlid des Kranken, sah dem Patienten tief in die Augen, ließ dessen Hand in seiner Hand liegen, schaute die Fingernägel an. Er erklärte dem Patienten ruhig und ohne Eile, was ihm fehle und wie er die Medikamente zu nehmen habe, er solle ruhen, viel Tee trinken und übermorgen wiederkommen.

Das alles geschah öffentlich, andere Patienten saßen neugierig dabei, hörten interessiert zu, mischten sich zum Teil ein in die Gespräche zwischen Patient und Arzt. Diskretion gibt es nicht. Der alte Mann beruhigte sich, er hatte Vertrauen zu dem Arzt, schon während des langen Gesprächs ging es ihm besser.

Die ganzheitliche Betrachtung des Menschen hat mir in Asien immer sehr gut gefallen. Man sollte die westliche und die chinesische Medizin nicht gegeneinander ausspielen. Wenn man wirklich wollte, könnte man soviel voneinander lernen. Nicht nur auf dem Gebiet der Medizin.

„Und wenn ich Heimweh bekomme, dann übe ich ganz viel", sagte David und entkräftete ruhig jede Kritik. In dieser Zeit begannen wir, von unserem Sohn zu lernen.

Das machen wir gemeinsam

Knapp vier Monate dauert nun die Beschäftigung mit diesem Thema. Der Druck wird größer. Wie kann man in China, in solch einem fremden Land, so weit weg, Urlaub machen und dann eventuell sein Kind allein dort lassen? Mit wem soll man darüber sprechen? Was ist, wenn dem Kind etwas passiert?

„Glaubst du wirklich, daß wir das verantworten können?" frage ich. Davids Vater lächelt: „Wir besprechen selbstverständlich alles gemeinsam. Und ich trage die Verantwortung mit."

Ich bin erleichtert. Seit vier Jahren leben wir getrennt. Nächtelang habe ich wachgelegen und darüber nachgedacht, wie ich mit dieser Verantwortung umgehen kann. Eine solche Entscheidung kann ich doch unmöglich allein treffen. Helmut und ich haben in wichtigen Fragen zwar oft recht kontrovers diskutiert, aber immer gemeinsam nach Lösungen gesucht. Ich bin ihm sehr dankbar, daß er mich auch jetzt mit Davids Wunsch nicht allein läßt.

Langsam reift der Gedanke, daß ich mit David und der kleinsten Tochter fahren werde. Natascha ist zu diesem Zeitpunkt acht Jahre alt. Sie läßt sich mit großer Selbstverständlichkeit auf dieses Abenteuer ein. Nein, sie selbst hat natürlich nicht den Wunsch, allein in China zu bleiben. Sie ist doch nicht blöd! Aber – wenn David das unbedingt will ... Klar kommt sie mit, unsere kleine Ballettratte, nach China fliegen findet sie toll. So weit weg sind bestimmt noch nicht viele Kinder aus ihrer Klasse gewesen. Da gibt es für sie gar nichts zu diskutieren.

Als alle Vorbereitungen abgeschlossen sind, die Visa beantragt, als der Reisetag feststeht, als die Tickets nach Shanghai bereits gekauft sind, frage ich meinen Mann: „Kommst du auch mit?"

Ich möchte so gern einen Meister finden

Wie hatte unsere Familie gestaunt, als David lange vor seinen Chinaplänen sagte, er wolle ein Buch schreiben. Eines Tages, als er noch neun Jahre alt war, hatte er gesagt: „Es wird ein Roman." Der Titel stand bereits fest: ‚Die drei schwarzen *Ninjas*'. Er wollte unbedingt gleich in den Computer schreiben. Der Dateiname war ‚Buch1.doc'. Im ersten Kapitel „Die acht Gestalten" schilderte er Kampfsituationen:

„Meine zwei schwarzen *Ninjas* und ich waren auf einer kleinen Insel in Japan, als auf einmal acht Gestalten auf uns zukamen. Wir erkannten, daß sie uns angreifen wollten. Wir drei waren erfolgreich; sie haben sich endlich zurückgezogen. Alex, Michael und ich bauten uns ein Lager; es war schon sehr spät. Am nächsten Morgen haben wir drei an einem kleinen See geangelt. Dort haben wir einen sehr großen Fisch gefangen. Den Fisch haben wir dann gegessen. Danach sind wir weitergezogen, wir sind am Strand vorbeigezogen und sind dort schwimmen gegangen.

Plötzlich tauchte ein weißer Hai auf, welcher sehr schnell auf uns zukam. Wir drei hatten panische Angst. Nach einem langen Kampf kehrte der Hai endlich um, doch Michael wurde schwer verletzt. Alex und ich haben ihn verbunden. Nach einiger Zeit ging es ihm wieder besser."

Wir waren gerührt, daß seine beiden *Ninja*-Kämpfer die Namen seiner großen Brüder trugen, Ausdruck der Bewunderung für die ‚Großen', denen er immer nacheiferte; er aber ist ein ‚mittleres Kind' zwischen der ‚kleinen Prinzessin' und den Großen, die so ein Kleiner aus der Mitte trotz aller Anstrengungen niemals erreichen kann. Wir fanden es beachtlich, daß er schon einige Szenen geschrieben hatte. Es war klar: Der asiatische Kampfsport war für ihn so interessant, daß er sich jetzt auch in China damit beschäftigen wollte.

Der *Ninja* gehört zum japanischen Kampfsport; die Meister-Schüler-Beziehung ist dort ähnlich intensiv wie in der chinesischen Kultur. Bei seinem Buchprojekt war David sehr ernsthaft und engagiert. Es blieb bei wenigen Kapiteln. Doch seine Pläne jetzt, die hatten eine ganz andere Qualität.

„Das find ich voll cool, wenn man einen eigenen Meister hat. Von so einem alten Mönch würde ich gern alles lernen, was er weiß. Und ich möchte so gut werden wie der Meister." (David)

Aufbruch in die fremde Welt

Auf einem Foto ist David im Flugzeug zu sehen. Er hält ein Stofftier in der Hand, einen kleinen Igel. Er zeigt seinem Igel die überwältigende Aussicht. Das Flugzeug überfliegt die weiten Ebenen Rußlands. Ganz weich ist das Tierchen, es hat biegsame Stacheln, ist gekleidet wie ein Mädchen. „Ich brauch doch was zum Kuscheln", erklärt David kurz. Er hat recht. Auch starke Kämpfer brauchen Trost.

David hat nicht viel Gepäck. Wie wir alle. Wer durch die Welt reisen möchte, der sollte sich nicht mit Kisten und Koffern beladen. Jeder hat eine Reisetasche mit dem Allernotwendigsten, dazu einen kleinen Tagesrucksack, das genügt. Wenn man keine organisierte Reise gebucht hat, sondern sich selbständig bewegen will, sollte man möglichst unabhängig sein.

In den letzten Tagen vor der Abreise hat David ganz ernst zu seinem Vater gesagt: „Ich will dieses karge Leben leben." Das hat Helmut in großes Erstaunen versetzt. Wie kann ein Zehnjähriger so etwas interessant finden? Wie kann er es aushalten? Macht er sich Illusionen?

„Nur wer fähig ist, sich selbst zu besiegen, seine Eitelkeit, seinen Zorn, darf den Weg zur Vollendung beschreiten", erfährt Yu Te vom Abt des Klosters.

Es gibt eine klare Verabredung. Wenn David sich entscheidet, in China zu bleiben, dann soll er auf jeden Fall vier Wochen in Shaolin ausharren, vorausgesetzt, die Mönche stimmen überhaupt zu. Um sich einzuleben. Erst danach sind wir bereit, ihn jederzeit abzuholen.

Ankunft in Shanghai

„Ihr seid doch verrückt", hatten Freunde in Deutschland zu uns gesagt, „Ihr fahrt nach China und habt nicht einmal Hotelzimmer gebucht." Freunde und Verwandte wissen nur, daß wir zu viert Urlaub in China machen; das allein ist für viele bereits eine abwegige Vorstellung („mit Kindern in einem solchen Land!"), und daß wir uns selbst ein Hotel suchen wollen („Das geht doch nicht!"). Niemand ist eingeweiht. Was hätte es auch für einen Sinn, über Davids Pläne zu sprechen, bevor wir wissen, ob die Mönche ihn aufnehmen werden. David hätte dann nicht nur mit der Enttäuschung zu kämpfen, sondern auch mit all den neugierigen Fragen danach.

Eine Adresse haben wir in Shanghai, einen Insidertip, und ich bin ganz sicher, daß wir für ein paar Tage ein preiswertes chinesisches Gästehaus finden werden.

Das billige kleine Hotel, das wir im Auge haben (der Geheimtip für Rucksacktouristen), ist dann prompt ausgebucht, ist ja auch kein Wunder, mitten im Sommer. Aber die junge Chinesin an der Rezeption, die uns mit ausgesuchter Höflichkeit behandelt, bespricht sich mit einem Hotelgast; weitere Chinesen kommen hinzu, nach und nach werden es an die fünfzehn Personen, woher kommen die Leute, sind das Amerikaner, ach, Deutsche, was suchen sie, können wir helfen, alle diskutieren lautstark. Nach einigen Telefongesprächen haben sie uns innerhalb von zwanzig Minuten ein einfaches Hotel vermittelt.

Das haben wir immer wieder erlebt in China, daß alle hilfsbereit sind, aber auch neugierig, zufrieden erst, wenn ein solches Problem gelöst ist. Alle sind sehr erfreut darüber, daß sich jemand von den Ausländern die Mühe macht, Chinesisch zu sprechen – und dann diese beiden blonden Kinder ...

Wir vier fühlen uns wohl in unserem Hotel und in unserer Straße. Sicher, wir haben keine Klimaanlage, aber in den beiden Zimmern, die miteinander verbunden sind, gibt es zwei gut funktionierende Ventilatoren. Made in China. Die Möbel sind einfach, aber völlig ausreichend. Umgerechnet zahlen wir pro Nacht DM 40,-. Und das Ganze hat den Vorteil, daß alle anderen Gäste Chinesen sind, zu denen wir Kontakt knüpfen können. Nur hundert Meter weiter steht ein großes internationales Hotel, das kostet pro Zimmer und Nacht US $ 150,-.

Wenn wir früh um sechs geduscht haben (einen Stock höher) und auf die Straße treten (vier Etagen tiefer), dann schlägt uns bereits die Hitze entgegen. Die Chinesen sind immer schon da, für einen Morgenspaziergang, zum Einkauf vor der Arbeit. Wir würden so gerne einmal die ersten sein, um zu sehen, wie sich die Straßen und Parks mit Menschen füllen. Auch wenn wir in aller Herrgottsfrühe zum *BUND* fahren, zur prachtvollen Uferstraße aus Kolonialzeiten, um dort die älteren Menschen beim *Taijiquan* zu beobachten, sind die Chinesen längst vor uns da.

Die grüne Uferpromenade ist heute einbetoniert. Die Bäume sind abgeholzt, haben breiteren Verkehrswegen Platz gemacht. Die Menschen aber haben sich inzwischen an die neue Umgebung gewöhnt und machen nun ihr *Taijiquan*, ihre Frühgymnastik, ihre Tänze zur Discomusik aus dem Kassettenrekorder oder ihren Schwertkampf mitten auf dem Beton, manchmal einzeln, mitunter paarweise, aber normalerweise in großen Gruppen.

Tagelang sind wir, stets schweißgebadet, mit den Kindern auf den Beinen, um uns einzuleben in China, um uns an das für uns noch mörderische Klima zu gewöhnen und um möglichst viel von Shanghai zu sehen. Wir wollen Eindrücke aus dem chinesischen Alltag aufnehmen, aber zwischendurch eilen unsere Gedanken oft voraus nach Shaolin ... Was werden wir dort antreffen? Wird David bleiben können? Wird er bleiben wollen? Noch aber sind wir für eine paar Tage in Shanghai.

Die Altstadt von Shanghai – wir alle werden später in unseren Erinnerungen wieder und wieder an die Tage dort denken. David geht wie im Traum durch diese Stadt, die sich keine Ruhe zu gönnen scheint. Shanghai, das ehemalige Fischerdorf, ist geprägt von einem aktiven, sprudelnden Leben.
Zehn Prozent aller Staatseinnahmen werden hier erwirtschaftet. Auf einem Quadratkilometer leben 30 000 Menschen. Die Stadt streitet sich mit Beijing um den Platz eins im Lande, was die Bautätigkeit angeht. Es ist unvorstellbar, wie und wie schnell hier gebaut wird, besonders im neuen Wirtschafts- und Industriepark *Pudong*. Der Boden dort ist zum Teil dem Meer abgetrotzt. Innerhalb von ein paar Tagen sind in Shanghai komplette alte Häuserblocks verschwunden.
Es dauert dann nur wenige Monate, in denen die Kolonnen der Wanderarbeiter, die unter abenteuerlichen Bedingungen, oft ohne Schuhe, auf schwankenden Bambusgerüsten arbeiten, ein neues Hochhaus fertigstellen. Die Arbeiter wohnen während der Bauzeit auf der Baustelle, viele von ihnen mit ihren Familien. Winter wie Sommer. Dort wird gekocht und gegessen, geschlafen, geliebt und gearbeitet. Dort werden Kinder geboren. Tag und Nacht wird in Shanghai gebaut.
Der Straßenbau: Umgehungsstraßen führen mit Über- und Unterführungen durch die alten Stadtviertel, auf zwei, manchmal drei Ebenen.
In Deutschland würde niemand für so gewagte Konstruktionen eine Baugenehmigung erteilen ...
Wenn man nachts an den Baustellen vorüberkommt, den Lärm hört man schon kilometerweit, dann denkt man, man ist auf einem Fußballfeld mit Flutlicht, und überdimensionale Scheinwerfer beleuchten die riesigen Löcher, die wie ge-

fräßige Mäuler dort klaffen, wo vor wenigen Tagen noch Menschen wohnten.

Das Ergebnis: Hochhäuser und Glitzerbauten, die in Europa ihresgleichen suchen, internationale Hotels, Bürotürme, fünfzehn- bis dreißigstöcke Wohnblocks, wohin das Auge blickt.

Aber immer wieder sieht man auf den modernen Wolkenkratzern typisch chinesische hochgezogene Dächer. Und auch bei der Innenausstattung spielen natürlich chinesische Elemente eine ganz große Rolle.

Wir Ausländer finden es schade, daß die idyllischen alten Häuschen, zweigeschossig, plötzlich nicht mehr da sind, doch mal ehrlich, wer von uns möchte so wohnen, ein Stockwerk kaum zwei Meter hoch, baufällige Stiegen, im Treppenhaus muß man den Kopf einziehen und Wasser holen vorne an der Straße.

„Da ist es doch besser, wenn so viele neue Wohnungen gebaut werden", sagt David. Sicher. Das haben wir auch zunächst gedacht. Aber viele Hochhäuser kommen nur den Ausländern, den sogenannnten ausländischen Experten oder internationalen Geschäftsleuten und Touristen, zugute. Viele Wolkenkratzer bestehen aus lauter teuren Eigentumswohnungen. Und die meisten Bewohner der alten kleinen Häuschen können sich die neuen teuren Wohnungen im Hochhaus – selbst zur Miete – nicht leisten ...

In China scheinen Reichtum und Armut besonders dicht beieinander zu liegen. Menschen, die auf der Straße leben, dann wieder die neuen Millionäre. Viele Besucher sind schockiert von den Arbeitsbedingungen, dem Schmutz und der großen Armut. Auf der anderen Seite findet man hier die höchsten Prachtbauten Asiens.

Das Herz der Altstadt, ein sympathisches Chaos, so lebendig, aber auch eng, voller Charme, mitunter bedrohlich für den Fremden, der oft glaubt, die Massen von Menschen, die Schlangen der Autos, die gemächlich daherziehenden Eselskarren, die stinkenden Motorräder und das Geräusch der sirrenden Fahrräder nicht ertragen zu können. Und so ist es nur folgerichtig, daß Shanghai seine Besucher in zwei Gruppen teilt, die, die es hassen, und die, die es für immer lieben.

Eine der Gassen in der Altstadt: Das Viertel ist ein einziger Basar. Die schmalen Straßen sind so eng, daß man sich fragt, wie jemand, der hier einziehen möchte, überhaupt mit einem größeren Möbelstück durchkommen kann. Und trotzdem. Hier wird alles transportiert. Von Lastenträgern, auf Fahrrädern und sogar auf schmalen, dreirädrigen Autos. Hier spielt sich das soziale Leben ab. Die Menschen kaufen und verkaufen nicht nur in den schmalen Straßen, sie wohnen und leben hier. In den schmalen Häusern werden sie geboren, und hier sterben sie.

Da findet man an den bunten Ständen neben Kassettenrekordern und Strümpfen lebende Hühner und nach Farben sortiertes Nähgarn, alte Bücher und neuen Jadeschmuck, frisches Obst und Repliken von antiken chinesischen Möbeln, glitzernde Kochtöpfe und weich fallende Stoffe in allen nur möglichen Farbnuancen, dicht nebeneinander, faszinierend.

Das alles bei Temperaturen um die 40 Grad und einer Luftfeuchtigkeit von 90 Prozent.

Auch David konnte stundenlang durch enge Gassen schlendern, alles anschauen, ruhig beobachten. Und er mußte vieles anfassen, buchstäblich ‚begreifen‘, um es zu verstehen. Dann wieder fragte er uns: „Wie ist es wohl in Shaolin? Ist es da auch so wie hier?"

Mitten in der Altstadt liegt inmitten eines Goldfischteichs das berühmte *Huxinting-Teehaus*. Die weiße Brücke, die zum Teehaus führt, hat die typische Zickzackform, die ist gut gegen böse Geister, denn die können glücklicherweise nur geradeaus gehen.

Dort drüben lassen sich gerade einige Familien in historischen Kostümen fotografieren, die Besucher schlendern umher, sie feilschen und kaufen, erstehen in den umliegenden

Imbißbuden, die im traditionellen Stil gebaut sind, heiße Köstlichkeiten, setzen sich ins Teehaus, dort hinten, wenn möglich, in den ersten Stock, dort stehen alle Fenster weit offen, und man hat eine wunderbare Aussicht. Man plaudert und probiert eine der 800 verschiedenen Teesorten.

Da vorne rechts kommt gerade eine Hochzeitsgesellschaft aus dem Hotel. Die Braut trägt ein weißes Hochzeitskleid, das ganz europäisch anmutet. Dort drüben im großen Restaurant versammeln sich jetzt die Gäste, die in aller Ruhe den ganzen Abend chinesische Spezialitäten essen wollen.

David und Natascha bleiben gebannt stehen und schauen zu. Es dauert nicht lange, bis die Hochzeitsgesellschaft uns entdeckt, die fremden Besucher – und uns zum Essen einlädt. Ein unvergeßliches Erlebnis. Danach werden noch Fotos mit uns gemacht. Das soll Glück bringen.

Der *Yu-Garten (Yu Yuan)* in der Altstadt von *Shanghai*, der Garten des Erfreuens. Diese private Anlage aus der *Ming-Dynastie*, angelegt im Jahre 1559, gehörte damals einem Provinzgouverneur. Auch, wenn das Gelände inzwischen immer weiter verkleinert und verändert wurde, so ist doch der *Yu-Garten* immer noch einer der berühmtesten und schönsten Gärten Chinas.

Mehrfach verwüstet, immer wieder neu angelegt, bietet er heute auf einer Fläche von nur 2 Hektar (20 000 Quadratmeter) alle Elemente, die die chinesischen Gärten, von denen viele mehr als eintausend Jahre alt sind, so reizvoll machen. Blumen und Sträucher, Bäume, Mauern, künstliche Felsen, Zickzackbrücken, Torbögen, Türmchen und Pavillons, Inschriftensteine, Seen und Teiche, das ist das Zubehör, aus dem eine Miniaturlandschaft geschaffen und geformt wird, in der der Mensch sich wohlfühlen und in Harmonie mit der Natur und dem Kosmos leben soll.

Der Naturbegriff ist in China ein anderer als bei uns. Die Natur muß nach bestimmten Prinzipien geordnet und gestaltet werden. Stundenlang bewegen sich David und Natascha im *Yu-Garten*, verstecken sich in den künstlichen Grotten, laufen über die Rundbrücken, klettern auf die Felsformationen, beobachten die gut genährten Goldfische in den Teichen, schreiten durch das kreisrunde Mondtor, beobachten die gefährlich aussehenden Steindrachen hoch oben auf den Mauern.

Der Besuch im *Jadebuddha-Tempel (Yu Fo Si)* in Shanghai ist für uns unter anderem deshalb interessant, weil wir das Gefühl haben, Su Yun, dem alten Mönch, den David im Fernsehfilm in Deutschland gesehen hat, auf seiner Pilgerfahrt zu folgen.

Täusche ich mich – oder hat David ein ganz besonderes Interesse an allem, was mit Klöstern und dem Buddhismus zusammenhängt? Er wird nicht müde, durch die Klöster zu streifen, er fragt uns Löcher in den Bauch und steht mitunter ganz andächtig vor den vielfältig gestalteten Buddhafiguren und den Bildtafeln.

Wir erzählen ihm: Der buddhistische Mönch *Huigen* lebte im 19. Jahrhundert auf der Insel *Putuo Shan* vor Shanghai. Er machte eine Pilgerreise nach Burma und brachte von dort fünf Statuen des *Shakyamuni*, des historischen *Buddha Gautama*, mit. Zwei von diesen Statuen ließ er in Shanghai zurück.

Nach 1911 wurde der Bau des Tempels begonnen, der die beiden Statuen aufnehmen sollte; fast zehn Jahre später erst war er fertiggestellt. Beide Statuen bestehen jeweils aus einem einzigen Stück Jade. Im zweiten Stock der Anlage befindet sich der Sitzende Jadebuddha in der Wen-Halle *(Wen Tang)*, der liegende ist im Westteil der Tempelanlage untergebracht, in der Halle des Schlafenden Buddha *(Wo Fo Tang)*.

„Warum liegt der eine *Buddha*, warum sitzt der andere?" fragen unsere Kinder und schauen sich lange die wunderbar gearbeiteten Gestalten an. Der Sitzende Buddha meditiert im Lotussitz, der Schlafende Buddha stellt *Shakyamuni*, den historischen Buddha, beim Übergang ins *Nirvana* dar.

Weiter wollen sie wissen: „Was ist ein *Luohan*?" Davon befinden sich gleich 18 in einer der Hallen (Kostbare Halle des Großen Helden). Eigentlich gibt es nur 16 davon, der Volksglaube hat noch zwei hinzugefügt. Es sind die engsten Jünger des *Buddha*. In Shaolin werden wir in einer Halle gleich 500 davon finden.

Es fällt auf, daß dieser Tempel ungewöhnlich gut besucht ist. Hier wird Buddhismus gelebt. Auch wir sind, genau wie Su Yun, der alte Mönch im Film aus Shaolin, tief beeindruckt von der Frömmigkeit der Gläubigen. Sie ist allerdings völlig verschieden von der christlichen Frömmigkeit des Abendlandes, sie ist diesseitiger, lebensnaher, beiläufiger, durchsetzt mit dem, was wir oft leichtfertig, in Unkenntnis der Hintergründe, als Aberglauben abtun.

Mit dem Zug nach Henan

Es ist schon spät. Ich sitze in Köln an meinem Schreibtisch und arbeite an dem Kapitel über die lange Fahrt von Shanghai nach Shaolin. Es sind gerade mal zwei Zentimeter auf der großen Karte, aber wir sind tagelang unterwegs. Zusammen mit den Chinesen.

Mal sind wir erster Klasse gefahren, im Luxusabteil, weil man uns Ausländern die billigeren Karten der zweiten Klasse nicht verkaufen wollte. Wie oft sagte die Frau am Schalter in einem der Bahnhöfe *„mei you"*. Das konnte vieles heißen: „Billige Tickets sind ausverkauft", „haben wir heute nicht", oder auch: „Wollen wir euch nicht geben."

Der Gast soll es gut haben in China; da ist es dann auch kein Unglück, wenn er viel mehr zahlt als die Chinesen. Wir aber wollten keine Privilegien. Oft ist es uns nur nach langen Verhandlungen gelungen, den billigeren „Hartsitz" oder „Hartliegewagen" zu bekommen und damit Chancen für stundenlange Gespräche mit unseren chinesischen Abteilnachbarn.

Weißt du noch, wenn die Schaffnerinnen die großen Kannen mit dem heißen Wasser brachten? Die Passagiere packten ihre Gläser mit Teeblättern und Schraubverschluß aus. Da wird dann einfach immer kochendes Wasser nachgegossen. Den ganzen Tag lang. Dann kam das Essen an die Reihe. Die Chinesen hatten riesige Mengen dabei. Alles wurde auf den kleinen Tischchen mit den Spitzendeckchen ausgebreitet.

Wir kauften dann auf dem nächsten Bahnsteig auch hastig etwas, immer mit der leisen Angst im Nacken, der Zug könne ohne uns abfahren. Aber es bestand nie wirklich Gefahr, die Schaffnerin paßte auf uns auf, du kannst als Ausländer einfach nicht verlorengehen in China, später wurde dann alles aufgeteilt unter den Mitreisenden im Abteil: „Hier, probier doch mal das!" hieß es, oder „das hier schmeckt besonders gut", oder „gibt es das auch bei euch zu Hause, in eurem Land?"

Jeder steuerte etwas zur gemeinsamen Mahlzeit bei. Natürlich wurden wir auch von allen Chinesen neugierig beobachtet, wie uns denn das chinesische Essen mundete und ob wir auch alles aufaßen. Chinesisches Fastfood gab es auch im Zug zu kaufen, in Styroporpackungen. Die leeren Packungen und viele Flaschen liegen danach entlang der ganzen Bahnstrecke neben den Schienen, Spuren der Menschen, die hier stunden- oder tagelang durch das riesige Land fahren. Früher bestand die Verpackung der Speisen, die man an den Bahnhöfen erwerben konnte, aus großen Blättern, die sich nach einiger Zeit von selbst auflösten. Alte Frauen und Männer laufen die Bahnstrecken ab, um die Verpackungen wieder einzusammeln und das bißchen Pfandgeld für die Flaschen zu bekommen. Davon leben sie.

Weißt du noch, Helmut, als die Landschaft an uns vorbeirauschte, das Grün der Maisfelder, die blauen Seen, denen man von weitem die Wasserverschmutzung nicht ansieht, die langsamen Eselskarren auf den Straßen, laute Musik aus dem

Zuglautsprecher mit der neuesten chinesischen Popmusik, erste zaghafte Kontakte zu den Mitreisenden, und später, nach Stunden nur, schieden wir als Freunde.

Bei der Ankunft in *Luoyang* gleich wieder der Schreck, als die Taxifahrer uns wie überall bedrängten und uns das Gepäck fast aus der Hand rissen, schon sicher, einen fetten Auftrag zu bekommen. Du hattest eine Adresse von einem preisgünstigen Hotel in *Luoyang*, nahe dem Bahnhof, also doch keine Chance für die Taxifahrer; wir waren so froh, ein Bad zu haben, auch wenn wieder mal der Stöpsel in der Wanne fehlte. Flirrende Hitze über allem.

Die Stadt *Luoyang* war mehrmals in ihrer 6000 Jahre dauernden Geschichte Hauptstadt, Handelsmetropole und wurde durch zwei Kanäle mit Hangzhou und Beijing verbunden. Sie besaß Hunderte von Gasthäusern und Herbergen für all die Händler, die nach *Luoyang* kamen.

In solchen Herbergen wurden dann abends am warmen Ofen von den Geschichtenerzählern die alten chinesischen Geschichten, Sagen, Mythen und Legenden vorgetragen. Einer der Kaiser, der selbst ein Komponist und großer Musikliebhaber war, holte damals 3000 Musiker in die Hauptstadt. Welch eine Zeit!

Wir wollten am nächsten Morgen so schnell wie möglich nach Shaolin. „Entschuldigung, fahren Sie zum Kloster Shaolin? Fahren Sie bald ab?" Einen Ausflugsbus hatten wir angeheuert oder besser, ein junger Chinese hatte uns angeheuert, „ja, wir fahren gleich nach Shaolin". Aber es dauerte und dauerte.

Das Wörtchen ‚gleich' kann heißen ‚in fünf Minuten', aber es ist auch möglich, daß es fünf Stunden werden. Wir fuhren natürlich nicht ab. Die Schlepper warten, bis der Bus gefüllt ist, und das dauert oft Stunden. Dann erst fahren sie los. Chinesen wissen das natürlich.

Unterwegs gab es noch Pausen, Ausflugsziele, die nicht im Fahrpreis inbegriffen waren, die wir gar nicht wollten, aber zusätzlich zahlen sollten.

Unwillig erst, ärgerlich, ungehalten, weil wir noch deutsches Tempo und deutsche Ungeduld in unserem Blut hatten, dann etwas offener, machten wir doch alles mit. Später, es war uns inzwischen egal, daß wir etliche Stunden „verloren" hatten, genossen wir sogar, was der junge Mann an Informationen zu bieten hatte. Du sagtest, was ihren Umgang mit Zeit angeht, können wir viel von Chinesen lernen. Weißt du noch?

„Ihr fahrt in die Provinz, die wir als Wiege der chinesischen Kultur und Zivilisation betrachten", hatte uns ein chinesischer Freund in Shanghai gesagt. Er war Geschichtsprofessor an der Tongji-Universität und hat uns so manches über die Provinz Henan mitgeteilt:

„In Henan ist die eigentliche Mitte des chinesischen Reiches. Am Rande der Schwemmebene des Huanghe, des Gelben Flusses, lagen die Residenzen der *Shang*, fast zwei Jahrtausende vor Christus. Das waren die ersten Könige in China, die historisch belegt sind. Dort fand man die ältesten schriftlichen Zeugnisse aus ganz Ostasien; es sind in Tierknochen geritzte Zeichen. Die meisten Kaiser residierten später in den Städten Luoyang, Kaifeng und Peking."

Shaolin liegt hoch in den Bergen, ca. 1200 m hoch, wir sind voller Erwartung, David rutscht auf seinem alten Sitz mit dem abgeschabten Stoff hin und her, dreht sich immer wieder nach uns um, sagt aber nichts. Wenn er wüßte, wie nervös wir sind und welche Sorgen uns bewegen! Noch befinden wir uns unten in der Ebene; der alte Bus, beladen mit vielen Menschen und viel Gepäck, mit Käfigen voll lebender Hühner auf dem Dach, folgt ächzend der Straße, die sich in engen Kurven nach oben windet.

Wir fahren am *Fluß Yi* vorbei, bewundern die wunderbare Landschaft, die bebauten und bewässerten Felder rechts und links. China ist das Land der Bauern, wir sehen Apfelsinenplantagen, Mais, noch ein paar gelbe Rapsfelder, Straßendörfer in der Lößebene, wir fahren auch an einigen Klöstern vorbei, halten dann am *Bai Ma Si*, „Tempel des Weißen Pferdes". Alles aussteigen! Immer noch nicht Shaolin!

Die Legende berichtet, daß zwei Mönche auf einem weißen Pferd die buddhistischen *Sutren* von Indien nach Luoyang gebracht haben sollen. Die beiden indischen Mönche kamen in dem Moment an den Kaiserhof, als der Kaiser gerade *Buddha* im Traum gesehen haben soll. Daraufhin stiftete er dieses Kloster.

Heute leben nur noch wenige Mönche hier, die ihre Ruhe haben wollen. Dem Kloster vorgelagert gibt es in einer großen Halle eine der vielen historischen Darstellungen mit lebensgroßen Figuren, die in Schienen laufen und sich zu Musik und Erläuterungen der jungen Damen, die die Führungen veranstalten, bewegen. Sie stellen Szenen aus der chinesischen Geschichte dar. Zum eigentlichen Klosterbereich dringen die Besucher gar nicht erst vor.

Die chinesischen Touristen finden das alles sehr interssant und vergnügen sich; die wenigen ausländischen Besucher haben Probleme mit der Frage: Kunst oder Kitsch? Aber diese Kategorien greifen hier nicht. Ausländer zahlen den zehnfachen Preis, wie bei fast allen chinesischen Sehenswürdigkeiten. Vor ein paar Jahren noch zahlten die Ausländer das Fünffache. Alles wird eben teurer.

Draußen stehen ein paar hochbetagte Pferde in der Hitze. Ein Vergnügen? Nur für die Kinder. Sie können eine Runde reiten. Für einen Yuan, das macht zwanzig Pfennige. Für Chinesen. Die Langnasen sollen mehr bezahlen. Wenn man die Kinder auf dem Pferd fotografieren möchte, so kostet das extra.

Während der Weiterfahrt sagt der junge Mann dann durch sein Megaphon: „In fünf Minuten sind wir in Shaolin." Endlich.

Endlich in Shaolin

„Hier können wir unser Kind nicht lassen", das ist der erste Eindruck, den wir haben. Die Gefühle, die wir dem Dorf entgegenbringen, sind kaum zu beschreiben. Heruntergekommene Gebäude, Schweine laufen frei herum, das ganze Dorf gleicht mehr einem Jahrmarkt, Hunderte von Touristen, die meisten folgen in Grüppchen einer Führerin mit Megaphon und hoch erhobenem Fähnchen. Fast alle fotografieren und lassen sich fotografieren.

Chinesen fotografieren nur schöne Dinge. Eine andere Funktion ist das Foto als Beweis, daß man da oder dort gewesen ist. Und so muß man immer mit aufs Bild. Unsere chinesischen Freunde verstehen bis heute nicht, was wir in China alles auf Fotos bannen.

Warum wir nicht fotografiert werden wollen? Dann könnten wir doch viel besser zeigen, wo wir überall waren ...

Die berühmten Kirchen der westlichen Welt mit ihrem Devotionalienhandel sind nichts gegen diesen Rummel. Händler überschreien sich gegenseitig, kaum unserer ansichtig geworden. Kinder, die teils von ihrer Neugier angelockt, teils voller Furcht hinter uns herlaufen. Jedesmal, wenn wir uns umdrehen, bleiben sie stehen, schrecken zurück, begleiten uns dennoch die ganze Dorfstraße entlang bis zum Klosterkomplex.

„Seht mal, Amerikaner!" Wir sind zu müde, um zu protestieren. „Was macht ihr hier, woher kommt ihr?" Wir versuchen, uns auf unser Ziel zu konzentrieren. Ruhe finden in einem Kloster, so Davids Erwartung. Sollte das hier möglich sein?

Später, wieder zurück in Deutschland, teilt David von seinen ersten Eindrücken folgende Erinnerungen mit: „Das kann ich nicht beschreiben, wie das am Anfang auf mich wirkte. Es war total komisch. Und fremd. Einerseits fand ich es dort sehr gut, weil es spannend war und ganz neu, und zum anderen waren alle sehr arm, ich war das so nicht gewöhnt, das hat mich doch überrascht und schockiert.

Am ersten Tag war ich nicht sicher, ob ich in Shaolin bleiben würde, obwohl es doch mein Traum war. Es hat gedauert. Nach zwei, drei Tagen wollte ich bleiben. Ich hatte immer noch einen Teil in mir, der sagte: Mach es nicht! Aber der größere Teil in mir wollte es. Es kam mir fremd und eigenartig vor, aber ich wollte doch alles lernen ..."

ZWEITER TEIL

Vor verschlossenen Klostertüren

Dunkel ist das Kloster gegen Abend, dunkel und verschlossen. Die lauten Touristen haben das Dorf verlassen. Die rotbraunen Mauern vermitteln uns das Gefühl, daß wir hier nicht willkommen sind. Wir gehen auf den imposanten Haupteingang zu, die Abendsonne scheint durch die Bäume. Ein tiefer Frieden liegt über dem ganzen Dorf. Aber das Kloster ist fremd. Es ist nicht unsere Welt.

Die graubraunen Steinlöwen, die starken Wächterfiguren, alle geben sich seltsam friedlich. Und doch: Noch erleben wir Shaolin, das berühmte chinesische Kloster, von außen. Fast 1500 Jahre alt ist der Klosterkomplex, oft wurde das berühmte Kloster zerstört, immer wieder im alten Stil aufgebaut.

Das geschwungene dunkle Dach mit den kunstvollen Steinfiguren schützt das eindrucksvolle Eingangsgebäude, zu dem vom Vorplatz aus eine ausgetretene Treppe führt. Das hohe handwerkliche Niveau, das wir generell an der chinesischen klassischen Architektur bewundern, auch hier. Die Verbindung von Steinmauern und Holzteilen. Komplizierte Holzaufbauten und Dachkonstruktionen, fertiggestellt ohne einen einzigen Nagel.

Rechts und links vom Eingang befinden sich zwei kleine Tore, auch sie überdacht. Die Ziegel auf den Dächern sind gekrümmt und verziert. Auf den Dächern kleine Löwen, Drachen, Fabeltiere, die die Tempelanlage vor bösen Einflüssen schützen sollen.

Die kreisrunden Fenster auf beiden Seiten des Haupttores weisen ebenfalls wunderbare Holzarbeiten auf. Stumm vor Staunen nähern wir uns der fremden Welt. Wir müssen sie langsam erobern. Das tiefe Rot der Steinmauern. Eine verschlossene Welt.

Was mag sich hinter diesen Mauern verbergen? Wird das Kloster David ein Jahr lang beherbergen? Oder war unsere Reise umsonst? Nein, das können wir schon jetzt sagen: Die Reise hatte ihren Sinn. Denn schon jetzt haben wir unvergeßliche Eindrücke in dem alten Kulturland gewonnen.

Wir wissen nur nicht, ob wir Davids Ziel erreichen. Es könnte sein, daß wir feststellen, daß er unmöglich dort bleiben kann, daß wir es nicht verantworten können, daß die Mönche David nicht dabehalten wollen, daß wir einsehen müssen, vier Wochen in Shaolin sind einfach genug, daß wir erkennen müssen, ein deutsches Kind gehört nicht in diese Umgebung ... Vielleicht war unser Weg dorthin das Ziel. Wer weiß?

Hier ist es so gemütlich

Unser kleines Gasthaus liegt dem Kloster gegenüber. Wir überqueren nur den großen Vorplatz, gehen an einigen kleinen Ständen der Händler vorbei über eine weiße Brücke. Natürlich ist es auch hier eine Zickzack-Brücke, zum Schutz gegen die bösen Geister.

Unter uns fließt der Bach, führt Niedrigwasser am Ende des Sommers, bahnt sich seinen Weg durch die vielen Steine. Später, im Herbst, wird er anschwellen zu einem reißenden Fluß. Hier wird David seine Wäsche waschen.

„Willkommen, kommt nur herein", sagen unsere Wirtsleute, und nach wenigen Minuten haben wir ein kleines Zimmer für uns vier. Ganz einfach ist es, alte Holzkästen dienen als Betten, mit dünnen Auflagen nur und mit Strohmatten, auch für den Kopf, die halten die Hitze ein wenig ab, wenn der

Gast bei der hohen Luftfeuchtigkeit die ganze Nacht schwitzen muß. Zusätzlich gibt es ein altes Sofa und einen uralten Schreibtisch. Überall blättert der Lack ab und gibt den Blick frei auf darunterliegende Holzschichten. Eine Schnur geht durchs Zimmer, sie führt zum Deckenlicht, von dort auch zu einem uralten, knarrenden Ventilator, dient aber auch zum Aufhängen unserer Kleidung.

Wir ergattern eine farbige Plastikschüssel. Die stellen wir auf den nackten Steinboden. Hier können wir uns waschen. Das kalte Wasser holen wir in der Restaurantküche mit den rauchgeschwärzten Wänden, im Erdgeschoß. David ist schon unterwegs, um das zu organisieren.

„Cool", sagt die achtjährige Natascha, „hier ist es so gemütlich." David, der soeben mit seiner gefüllten Wasserschüssel hereinkommt, balanciert ganz vorsichtig, damit das Wasser, das uns plötzlich kostbar ist, nicht überschwappt, und pflichtet ihr ernst bei: „Man hat hier alles, was man braucht." Da mache ich mir um meine Kinder keine Sorgen mehr ...

Gespräche mit dem Vize-Abt

Das Ziel unserer Reise ist nah. Ist es aber auch das richtige? Wir bekommen mehrere Audienzen: „Willkommen in Shaolin. Da seid ihr ja ... Ihr seid doch die, die uns angerufen haben." Wir tragen dem Vize-Abt und einigen Mönchen, die uns freundlich lächelnd mit Tee bewirten, unser Anliegen vor. Die Chinesen verziehen keine Miene, lassen mich, mühsam und immer wieder neu beginnend, erklären, fragen nach, treffen keine Entscheidung.

So, dieses Kind wolle nach Shaolin, es wolle hier *Wushu* lernen. Aber es könne doch nicht Chinesisch sprechen, oder? Und wie lange es denn bleiben wolle? In Deutschland seien doch die Lebensverhältnisse völlig anders. Ja, viele Kinder seien in Shaolin, in der *Wushu*-Schule, aber sie seien Chinesen. Ausländer kämen ganz selten und nur für ein, zwei Wochen nach Shaolin. Im Sommer auch mal für zwei, drei Monate. Alles Erwachsene. Aber ein deutsches Kind? Allein?

Einige Tage später. Ganz früh am Morgen suche ich wieder im Klosterbezirk den Vize-Abt auf. Inzwischen genügt es, wenn ich seine Visitenkarte, die er mir gegeben hat, vorzeige. Die jungen Chinesen am Klostereingang kennen uns, wir kommen ja mehrmals täglich, sie winken uns durch. Warum bekommen wir keine Antwort von den Mönchen?

Wir sind enttäuscht. Fast wäre mir ein „Nein" lieber als diese Ungewißheit. Ich weiß nicht, wie oft ich, fast mit den gleichen Worten, immer und immer wieder die Geschichte von Davids Lebenstraum erzählt habe. Freundliches, unverbindliches Lächeln. Einige höfliche Fragen, eher distanziert. Wir können diese Reaktionen nicht einschätzen. Ja, was nun? Kann er bleiben oder nicht? Wir wissen es nicht.

Natürlich wollen wir, ganz gleich, wie die Mönche entscheiden werden, unser chinesisches Abenteuer genießen, auch wenn das nicht leicht ist angesichts der Unsicherheit. Wir wollen während der quälenden Wartezeit die Umgebung von Shaolin erkunden. Einige Fahrten und Ausflüge in die Umgebung werden uns sicher helfen, unsere Sorgen ein wenig zu vergessen oder zumindest zu verdrängen.

Ein ganz besonderes Erlebnis ist unser Ausflug zu den *Longmen*-Grotten in der Nähe. Im fünften nachchristlichen Jahrhundert haben Mönche dort begonnen, diese „Drachentor-Grotten" künstlerisch auszugestalten. Sie haben sie bemalt und die über 1300 Grotten und 700 Nischen mit einst farbigen Skulpturen und *Pagoden* gefüllt, mehr als 100 000 kleine und große Statuen hineingesetzt und alles mit Inschriften versehen. Am meisten beeindruckt haben uns die Großfiguren, die einen Eindruck vom chinesischen Götterhimmel vermitteln, die grimmigen Wächterfiguren und die verschiedenen Buddhadarstellungen.

Vieles ist heute zerstört, wurde gestohlen und an ausländische Kunden verkauft. Aber ein Abglanz der ursprünglichen buddhistischen Kunstfertigkeit ist noch zu spüren. In jeder Epoche haben die Künstler (insgesamt sollen es ca. 800 000 gewesen sein) ganz selbstverständlich in ihrem eigenen Stil gearbeitet. So lassen sich hier die Stilunterschiede verschiedener Epochen der chinesischen Kunstgeschichte genau ablesen.

Mit der gleichen Geduld und Kunstfertigkeit wird heute sorgfältig restauriert, wenn auch die Auswahl der heutigen, oft sehr kräftigen Farben sicher nicht mehr in jedem Fall dem Willen der Künstler aus vergangenen Jahrhunderten entspricht.

Hunderte von chinesischen Touristen kommen hierher und bewundern ihre alte Kultur, vieles sehen sie selbst zum ersten Mal. Erst seit 1989 nimmt der Tourismus zu, ist in dieser Form eine neue Branche für das alte Kulturland.

Sobald wir dann von unseren Besuchen in die chinesische Geschichte, Kunst oder Natur zurückkehren, sind wir wieder beim Vize-Abt. Zum Tee.

In den folgenden Tagen lernen wir einige Mönche näher kennen. Die kämpfenden Klosterbrüder scheinen kein Interesse an einer solchen Verantwortung zu haben. Ein Ausländerkind allein in Shaolin? Das geht doch nicht.

Die Zeit des Wartens ist schwer. „Mama, warum wollen die Mönche nicht, daß ich bleibe? Jetzt haben wir so einen weiten Weg gemacht – muß ich wieder umkehren? Darf ich nicht bleiben?"

Wir haben keine Antwort. So schwierig habe ich es mir nicht vorgestellt. Wir müssen lernen, geduldig auf eine Entscheidung zu warten.

David ist sehr enttäuscht, aber nach kurzer Zeit scheint er zu vergessen, daß wir noch immer keine Antwort vom Kloster erhalten haben. Er stürzt sich jeden Tag mit neuer Begeisterung in die neuen Erfahrungen. Alles will er kennenlernen, alles will er wissen.

David kommt von jedem Ausflug mit Fragen zurück. „Papa, warum trainieren die Mönche oben auf den Bergen? Wie lange kann man wohl ohne Pause meditieren?" oder auch: „Wer war eigentlich *Buddha*?"

Wir sind einerseits enttäuscht, auf der anderen Seite angespannt. Wir versuchen, die fremden Mönche zu verstehen. Immer wieder suchen wir die Nähe des Klosters, besuchen die Hallen, manchmal gemeinsam, aber es zieht uns auch einzeln in die gewaltige Tempelanlage. Wir betrachten die alten Gemälde und Figuren, erfahren mehr und mehr von der Architektur, von der Geschichte des Klosters, vom Shaolin-Kungfu und vom *Buddhismus*. Wir fühlen uns langsam besser, nicht mehr ganz so fremd. Die Atmosphäre in Shaolin nimmt uns gefangen.

Einer nach dem anderen bemerkt, daß wir anfangen, das Kloster zu lieben. Und dieses Kloster will unser Kind, das den weiten Weg von Deutschland hierher gemacht hat, nicht aufnehmen?

David kommt in die Halle, in der wir immer von den Mönchen empfangen werden. Sie liegt neben einem der Tempel. Wir sind schon da. Die Einrichtung ist ihm bereits vertraut. Er betrachtet die Sessel und Bänke, die ringsum an den Wänden aufgestellt sind, die Kissen mit leuchtend gelben Bezügen. Davor die dunklen, niederen Tische mit Schnitzereien. Einige Buddhafiguren. Ein Mönch bringt Tee, den guten Shaoxing-Tee, ein anderer bringt kochendes Wasser in großen geblümten Thermoskannen. Das Teegeschirr steht bereits auf den Tischchen. Man hat mit uns gerechnet. Die jungen Mönche grüßen David höflich, aber distanziert. Unser Sohn begrüßt den Abt und setzt sich zu uns.

Erneut habe ich den Mönchen an diesem Tag eine Dreiviertelstunde lang Bericht erstattet, von meiner Arbeit, von unserer Familie, von unserem Interesse an China, von David. Der Abt nickt, lächelt und schweigt. Wie immer. Dann fordert er David plötzlich auf, seine koreanischen Kampfformen vorzuführen. Das ist neu. Wir sind nun schon seit Tagen in Shaolin, es gibt immer noch keine Entscheidung, und wir haben das Gefühl, wir sind keinen Schritt vorangekommen.

David steht auf, ganz ernst, konzentriert sich auf sein *Taekwondo*. Ich schaue den Vize-Abt an. Unser Sohn führt eine Form vor. Keine Reaktion. Kein Lächeln. Nichts. Doch – gespannte Aufmerksamkeit. David beendet seine Form. Absolute Stille.

Der Vize-Abt sagt: „Nicht schlecht." Das ist in China ein großes Lob. Es scheint ein Zeichen für die anderen zu sein. Zwei Mönche springen auf, lachen laut, alle sprechen auf einmal durcheinander und wollen plötzlich ganz viel von David wissen. Ein junger Mönch klopft ihm anerkennend auf den Rücken. Es ist Yan Lo; später wird David sich mit ihm eng befreunden. Ich dolmetsche, so gut es geht.

„Kommt, wir gehen zur *Wushu*-Schule." Ich bin sprachlos. Was hat der Vize-Abt vor?

Schweißüberströmt gehe ich neben ihm her, die Anspannung, die Hitze, die hohe Luftfeuchtigkeit. In der Trainingshalle soll David seine Formen vorführen. Die anderen Schüler, die dort trainieren, es sind mindestens fünfzig, sehen zu. Sie klatschen Beifall. Das Eis ist gebrochen.

Die Mönche nehmen David auf einmal ernst. Plötzlich geht alles ganz schnell. Nun gibt es nur noch formale Hindernisse. Dann folgen die finanziellen Verhandlungen. Dreimal, viermal müssen wir von vorn anfangen, es ist einfach zu teuer. Die Summe übersteigt unsere Möglichkeiten. Endlich bahnt sich eine Lösung an. David kann also wirklich bleiben? Er kann. Dann die Papiere. David hat ein Touristenvisum. Wir müssen es in der Kreisstadt verlängern lassen.

Wir erreichen die Polizeistation in *Dengfeng* nach anderthalbstündiger Busfahrt über die staubigen Dörfer in flirrender Mittagshitze. Um diese Zeit machen Chinesen gern alle eine Pause, auch die, die zu entscheiden haben. Die meisten Büros auf der Polizeistation haben ein Hinterzimmer mit Bett, mit gerüschten Bettbezügen; das ist auch in vielen chinesischen Unternehmen so. Seit ein paar Jahren ist die ausgedehnte Mittagspause zwar offiziell abgeschafft, aber viele halten sie, wenn irgend möglich, dennoch ein. In Fabriken kann man die Arbeiter und Beamten sehen, wie sie ein Nickerchen machen, dort, wo sie gerade sind. Sei es am Schreibtisch oder obendrauf, sei es an einer stillstehenden Maschine. Oder sie gehen schnell nach Hause.

Spricht hier jemand Englisch? Nein, in der ganzen *danwei*, der Einheit, nicht. Gut, dann eben in Chinesisch. Obwohl die Fachsprache Visumsverlängerung für mich neu ist. Dann muß es eben teilweise mit Händen und Füßen gehen. Wir tragen die Geschichte vor, es wird immer heißer, mein Mund wird trocken, wir wissen nicht, ob der junge Mann, dem wir alles berichten, überhaupt der richtige Ansprechpartner ist. Er hört sich alles geduldig an, entscheidet nichts, es kommt ein zweiter Beamter hinzu, ich werde aufgefordert, die Geschichte noch einmal zu erzählen.

Das ist oft so in China. Wenn man den ersten nicht überzeugt, hat man gar keine Gelegenheit, den zweiten zu informieren. Beide haben keine Kompetenz, zu entscheiden. Auch der dritte und vierte nicht. Der fünfte, vielleicht. Zwischendurch bekommen wir heißen Tee, wir sind dankbar.

„Dann verschwindet der Durst, ist viel besser als die kalten Getränke, die die Ausländer immer wollen", sagt der junge Polizist. Wir warten.

Irgendwann am Nachmittag hat der Abteilungschef sein Mittagsschläfchen beendet. Glücklich trage ich ihm unseren Wunsch noch einmal vor. Er ist inzwischen der Fünfte. Wir hoffen, daß er der Entscheider ist. Die anderen vier staatlichen Beamten, die Davids Lebenstraum bereits kennen, sind auch dabei.

Mein Chinesisch wird besser und besser. Was ich nicht genau ausdrücken kann, ergänzen die anderen Beamten, sie haben die Geschichte inzwischen gut verstanden. Jeder hat sein Glas vor sich, das mit dem Schraubverschluß und den vielen

Teeblättern. Alle schlürfen zwischendurch Tee. „Tja, das ist ja interessant", murmelt leise der Abteilungschef, dem man ansieht, daß er eben erst erwacht ist, sein rechtes Ohr ist noch ganz rot, die Jacke verrutscht, er knöpft sie langsam zu, trotz der Hitze, „so, euer Sohn will in China bleiben. Dann wartet doch bitte, wir werden mal sehen, ob der Polizeichef da ist ..."

Der Polizeichef, nun der sechste im Bunde, eine Etage höher, ist auch nicht glücklich über den unverhofften Besuch aus dem fernen Deutschland. Das Visum verlängern? Normalerweise kein Problem. Aber hier handelt es sich um ein Kind. Ein ausländisches Kind, das ohne seine Eltern in China bleiben will. Einen solchen Fall hat es in der ganzen Provinz noch nicht gegeben. Das kann oder will der Polizeichef nicht entscheiden.

Ist wohl mehr etwas für das Erziehungsministerium in Beijing oder zumindest für die Provinzhauptstadt Zhengzhou. Zweieinhalb Stunden mit dem Bus.

Ich zwinge mich zu lächeln. Ich beginne noch einmal mit der Geschichte von David Schneider aus Köln. Nach insgesamt vier Stunden haben wir eine Entscheidung, die ein ‚ja' bedeuten könnte. Eine Verlängerung des Visums. Wir haben erwartet, daß wir die für das ganze Jahr bekommen. Da haben wir uns zu früh gefreut. Wir bekommen eine Verlängerung – für einen Monat. Weitere Entscheidungen soll doch bitte der Vize-Abt mit der Polizei oder der Provinzregierung in Zhengzhou klären.

Das wird nicht geschehen, und so werden wir, später, wenn wir David abholen, große Probleme wegen der Papiere bekommen ... Mit der tatkräftigen Hilfe meiner deutschen Assistentin, die Shaolin auch kennenlernen wollte, läßt sich später unter großen Mühen das Problem endlich lösen. Wir werden eine hohe ‚Strafe' zahlen müssen, meine Mitarbeiterin reist nach Zhengzhou, in die Provinzhauptstadt, während wir mit dem Kamerateam, das über David einen Fernsehfilm drehen wird, in Shaolin bleiben.

Kungfu heißt hier Wushu

Der Platz vor der Schule ist riesengroß, ein wenig hügelig, besteht aus festgeklopftem Lehm. Das Kommando der Trainer schallt weithin. Die verschiedenen Gruppen, in die die Schüler eingeteilt sind, trainieren alle zur gleichen Zeit. Beginnend um fünf Uhr früh, im Winter ab halb sechs, ertönt Musik, jede Gruppe hat ihr eigenes Signal.

Die *Wushu*-Schüler erheben sich schlaftrunken bei ihrer Musik, automatisch den Klängen folgend, das funktioniert nach einiger Zeit tatsächlich wie automatisch; sie hören im Unterbewußtsein die Instrumente und laufen los; laufen mit ihrer Gruppe, zunächst noch im Halbschlaf, durch das dämmerige Tal. Sie machen Dehnübungen, laufen, laufen schneller, die Hügel hinauf und zurück zu ihrem Sportplatz. Einige trainieren Spagat, und wenn es mal nicht so gut klappen will, dann gehen die Gruppentrainer nicht gerade zimperlich mit ihnen um.

Um den Schülern zu „helfen", treten sie ihnen ins Kreuz, bis es biegsam genug ist. Oder auf die Beine, damit der Spagat endlich gelingt. Bald schon geraten die Schüler ins Schwitzen; aber sie ertragen alle Anstrengungen täglich aufs neue, klaglos.

Sie haben alle feste Ziele, die Schüler der *Wushu*-Schule des Klosters Shaolin. Sie wollen später eine eigene Schule eröffnen oder aber in einem Kungfu-Film mitspielen. Mindestens so gut sein wie Bruce Lee. Manche werden Leibwächter in den reichen chinesischen Familien oder in einem Unternehmen. Insgesamt gibt es natürlich viel mehr Bewerber als berufliche Möglichkeiten.

Was mag aus denen werden, die keine Chance bekommen? Einige kommen in anderen Provinzen als Polizisten unter. Ihre Eltern zahlen für die Ausbildung in Shaolin Beiträge, die uns als gering erscheinen mögen, aber hier entspricht es dem Monatseinkommen eines chinesischen Arbeiters. Das ist viel bei den ständig steigenden Preisen. Inflation – das ist für China ein neues Phänomen.

Weiter hinten üben die größeren an einfach gefertigten Sandsäcken, aufgehängt an Metallstangen. Links stehen die kleinen Schwertkämpfer, Fortgeschrittene in der schwierigen Kunst der Selbstverteidigung. Neue Kommandos ertönen. Einige Schüler werfen sich auf den lehmigen Boden. Ihre Trainingsanzüge müssen all das mitmachen, bei vierzig Grad im Schatten.

Es hat stark geregnet in der Nacht. Die kleinen Rinnsale in der Umgebung des Klosters schwellen auf zu großen, reißenden Bächen, der Lehm wird weggeschwemmt, das Wasser nimmt die braune Farbe der Erde an. Die ganze Landschaft verändert sich.

Der Platz der Schüler ist oft aufgeweicht. An solchen Tagen sind einige kleine und große Kämpfer mit einem Spaten bewaffnet, um den Boden wieder herzurichten. Dann erst beginnen sie mit ihrem Training.

„Du mußt dich mehr anstrengen", sagt die Trainerin zu einem kleinen Chinesen; sie ist kaum älter als ihre Schülergruppe. Sie hat sieben Jahre hier *Wushu* gelernt, nun darf sie es vermitteln.

„Warum ich hier bin?" antwortet uns der 14järige Wang Yan mit einer Gegenfrage. „Ich möchte später eine *Wushu*-Schule eröffnen. Vor fünf Jahren bin ich gekommen, zweimal war ich in dieser Zeit zu Hause, meine Familie wohnt in einem Dorf im Westen, acht Stunden fährt man mit dem Bus dorthin. Es gefällt mir gut hier." Er ist einer derjenigen, die eben noch hart trainiert haben.

„Ja, ich bin gern hier", sagt auch Zhang Pi. Sie stammt aus *Xian*, ist siebzehn Jahre alt und schon seit sieben Jahren in Shaolin, also genau in Davids Alter hierher gekommen. „Ich möchte gern später zum Film. Aber dafür muß ich noch weiter trainieren. Manchmal habe ich jetzt schon eine eigene Gruppe und darf als Hilfstrainerin arbeiten. Es ist schon anstrengend, sicher, aber es macht auch großen Spaß.

Alle zwei Jahre fahre ich im Winter für einige Zeit nach Hause, nach dem *Frühlingsfest* komme ich dann wieder nach

Shaolin. Ja, hier in der Dorfschule war ich auch für mehrere Jahre. Wir hatten pro Tag drei Stunden Rechnen, Schreiben und Lesen."

Der Schweiß läuft den Schülern in Strömen den Körper hinunter. Sie wischen sich kurz mit dem nackten Arm über das Gesicht, drehen sich um und trainieren weiter.

Hat sich denn nichts geändert in den Jahrhunderten, seit Yu Te hier im Songshan-Tal darum gerungen hat, den Schmerz ertragen zu können? Die Schwäche überwinden, die Persönlichkeit formen, denn „am Ende des Weges steht die Harmonie der Meister".

Weltlicher geht es in der Schule zu, profanere Ziele stehen am Ende des harten Weges, vom Geist der alten Meister ist hier nicht die Rede.

Inmitten der tausend chinesischen *Kungfu*-Schüler der angesehenen *Wushu-Schule* des Klosters Shaolin trainiert jetzt ein einzelner kleiner blonder Junge. Zunächst auf Probe. Das Kloster ist nun einverstanden, der Direktor der *Wushu*-Schule des Klosters Shaolin auch, jetzt muß David sich noch entscheiden.

Natürlich fällt er jedem auf, er sticht heraus aus jeder Gruppe. Das Training ist so hart, aber David verlangt sich selbst all das ab, was auch die kleinen und großen Chinesen geben. Er bewegt sich völlig selbstverständlich unter den fremden Kindern und Jugendlichen.

Da die *Kungfu-Formen* für ihn neu sind, schaut er zunächst zu, imitiert die Mitschüler und übt bis zum Umfallen. Oft ist sein Gesicht total verschwitzt, wie das der anderen auch, die Schüler tragen Gymnastikanzüge oder Shorts, schmutzige T-Shirts und alte Turnschuhe. Das Äußere ist völlig nebensächlich. Wichtig ist nur, den Körper geschmeidig zu machen, die Formen zu erlernen, gut zu sein. Und immer besser zu werden. Jeden Tag. Ausgenommen montags.

Der alte Mönch erzählt: „Das Interessante ist, daß das Songshan-Gebirge nicht nur wichtig für die *Buddhisten ist,* sondern auch für die *Daoisten* und die Anhänger der Lehren des *Konfuzius.*

Das war nicht immer so. Früher gab es immer wieder Konflikte. Aber heute betrachten es alle als ein heiliges Land. Gläubige aller drei Richtungen kamen immer wieder zu diesem zentralen Gebirge, um Tempel zu errichten, Buddhastatuen und Gottheiten der *Daoisten* und wichtiger Schüler von *Konfuzius* aufzustellen.

In alten Zeiten glaubten unsere Vorfahren hier in China, daß das Songshan-Gebirge direkt unter dem Herzen des Himmels liegt. Die Menschen damals haben sich vorgestellt, daß die Erde ein Viereck sei und der Himmel darüber eine gewölbte Scheibe.

Damit der Himmel die Erde nicht erdrücke, wurde er von Balken am Rand und in der Mitte gehalten. Der mittlere hieß ‚taiji‘, das bedeutet ‚der große Balken‘ oder auch ‚die große Säule‘. Er wurde so genannt, weil er den Himmel berührte, aber auch bis tief in die Erde reichte.

Nun glaubte man damals, der Mensch sollte so sein wie dieser Balken, sozusagen eine Verbindung zwischen Himmel und Erde. Songshan ist der zentrale Berg von fünf heiligen Bergen.

Chinesische Historiker sagen, daß hier die chinesische Zivilisation ihren Anfang nahm, zwischen dem gelben Fluß, dem *Huanghe,* dem *Yinshui Fluß* und der Stadt *Kaifeng,* die früher einmal alte Kaiserstadt war.

Die Geologen sagen, daß dieses Gebiet sich in Urzeiten aus dem Meer erhoben hat und daß der Songshan zu den vier Gebieten gehört, die ihre Nase aus dem Wasser streckten und vor fünfhundert Millionen Jahren zu trockenem Land wurden.

Heute nimmt man an, daß China eine fünftausendjährige Geschichte hat; hier im Songshan-Gebiet trifft man auf Reste aus 8000 Jahren. Viele der alten Sagen und Legenden aus der Zeit der vorgeschichtlichen Herrscher haben mit dieser Ge-

gend zu tun. Das Songshan-Gebirge hat 72 Gipfel; es wird heute noch berichtet, daß einstmals auf jedem Gipfel ein Tempel oder Kloster stand.

Von all diesen Klöstern ist natürlich Shaolin das berühmteste. Hier im Gebirge befindet sich das älteste Observatorium in China, hier wurde der erste chinesische Kalender aufgezeichnet. Die ersten steinernen Tore wurden hier den Göttern geweiht, die ersten Ziegelpagoden sind hier entstanden; auch die ersten Klöster wurden hier errichtet; zahlreiche Gräber aus der *Han-* und *Song-Dynastie* sind sehr interessant, ihr solltet sie alle besuchen.

Ich habe eben schon erwähnt, daß der Songshan an den Himmel stößt, er ist der Stolz Chinas und der König der fünf Berge. Diese Berge sind der *Taishan* in Ostchina, der *Huashan* westlich vom Songshan, *Hengshan* ist der südliche Berg, *Kengshan* der Berg im Norden. Geographisch gesehen liegt der Songshan genau in der Mitte Chinas, in der heutigen Provinz Henan.

In Europa würdet ihr sicher sagen, es ist ein Wunder, daß drei Philosophien oder Religionen ohne Probleme nebeneinander existieren und sich weiterentwickeln konnten. Die Mönche und Philosophen früherer Zeiten haben auch alle miteinander diskutiert und debattiert. Alle hatten das gleiche Ziel, sie wollten die höchste Harmonie erreichen ...

Hier im Songshan-Gebirge gibt es zwei berühmte Gipfel. Ein berühmter Dichter der *Ming-Dynastie* hat es so formuliert: Der *Taishi* ist wie ein schlafender Drache, der *Shaoshi* ähnelt einem tanzenden Phoenix. So, für heute habe ich euch genug erzählt; kommt morgen wieder."

„David, möchtest du wirklich bleiben? Wir reisen in ein paar Tagen weiter. Wir wollen dich nicht zu einer Entscheidung drängen. Überleg es dir aber bitte in aller Ruhe ..." – „Ja, Mama, ich überleg nochmal. Aber ich weiß schon, daß ich bleiben will ..."

Direktor Chen und die Wushu-Schule

Sein Sohn heißt „Xiaolong", ‚kleiner Drache'. Der Name ist Programm. Der wilde Sechsjährige wird vom Direktor der *Wushu*-Schule des Klosters Shaolin trainiert, in mehreren Filmen hat er schon eine Hauptrolle gehabt, und wenn es notwendig ist, tritt er auch als kleiner Mönch auf. Das sehen die Leute gern.

In einem Film hat er einen Schnuller im Mund; nur, wenn er gegen die Bösen kämpfen muß, legt er kurz den Schnuller beiseite, wenn alle Widersacher am Boden liegen, führt er seinen Schnuller zufrieden wieder zurück zum Mund.

Oft fährt er mit dem Vater nach Taiwan, nach Hongkong, des Filmens wegen. Sein Können ist beachtlich. Seine Mutter sieht das nicht so begeistert; er ist ihr einziges Kind, sie wünscht sich für ihn eine unbeschwertere Kindheit. Aber gegen den Ehrgeiz des Vaters und gegen den Willen ihres Sohnes kommt sie nicht an.

Als ich ihr von unserer Absicht berichte, unser Kind für ein Jahr in Shaolin zu lassen, da hat die Mutter Tränen in den Augen. Für sie wäre eine so lange Trennung undenkbar. Sie glaubt, daß wir mit unserem Kind Karriereabsichten haben. Das soll Davids Idee gewesen sein, nach China zu kommen? Das kann sie sich nicht vorstellen. Sie schüttelt den Kopf.

Die Sonne wirft ihr Licht auf den großen Innenhof der Schule. Eine kleine, erhöhte Kampffläche ist mit Steinen eingefaßt. Viele Bäume stehen hier und spenden im glühenden Sommer ein wenig Schatten. Hier finden kleinere Wettbewerbe statt, hier trainieren die Kinder, und nun hängt hier die große Wäsche. Gegenüber wohnt der Direktor mit seiner Familie, hier hat er sein Büro, vollgestopft mit Fotos von Siegen, aus Filmen, mit *Wushu*-Emblemen, mit Wimpeln, mit Pokalen.

Wenn Fremde kommen, schauen die Schüler sofort aus ihren Zimmern heraus, umringen die Besucher, wollen Antworten auf ihre neugierigen Fragen. Bis zu vierzehn der kleinen *Wushu*-Kämpfer wohnen in einer der außen liegenden kleineren Kammern, in den größeren Räumen schlafen dreißig kleine und größere Chinesen; ausgestattet sind die Zimmer mit dem Allernotwendigsten.

Manche Schüler sehen für Jahre ihre Familien nicht. Sie kommen aus ganz China, aus allen Provinzen, doch der größte Teil der tausend Kungfu-Lehrlinge stammt hier aus der Provinz Henan.

Große Pläne hat der Direktor, zur 1500-Jahrfeier des Klosters im nächsten Jahr will er den Eingangsbereich neu gestalten, ein großes Tor, eine betonierte Einfahrt, die nicht immer wegschwimmt, wenn es geregnet hat; wenn das geschafft ist, soll die Schule neue Toiletten bekommen, die alten sind eine einzige Katastrophe. Er weiß, das ist dringend notwendig, aber eines nach dem anderen.

Direktor Chen ist einer derjenigen, die sich zu Beginn sehr um David kümmern; er nimmt die Verantwortung ernst, später aber wird David sich viel stärker zu den Mönchen hingezogen fühlen. Das Geheimnisvolle lockt ihn, Direktor Chen kann das nicht verstehen. Die tausend Kinder aus der *Wushu*-Schule des Klosters Shaolin, die sind alle hier, um so gut wie irgend möglich *Kungfu* zu lernen. Sie interessieren sich nur für den Kampfsport.

Und David wird sich nach sieben oder acht Monaten immer mehr zurückziehen, warum nur? Was sucht er im Kloster?

Der alte Mönch erzählt: „Hallo, David, komm her zu mir. Ich möchte dir heute etwas erzählen über *Taijiquan*. ‚*Taiji*' ist also der Urkeim des Lebens, der Himmel und Erde zusammenhält. Verstehst du das? In den alten Texten steht, daß das *Taiji* aus dem Unendlichen komme. Es ist der Ursprung von Bewegung und Ruhe und die Mutter von *Yin* und *Yang*. ‚*Taijiquan*' ist die Bewegungskunst. Die Grundlage ist tägliches Üben.

Aber auch Q*i*, die Lebensenergie, hängt damit zusammen. Es gibt eigentlich zwei Energien, das sind *Yin* und *Yang*. Durch diese Kraft wird das ganze Universum bewegt. ‚chuan' ist die Faust. Damit sind alle die Bewegungen gemeint, die man im *tai qi chuan* trainieren muß. Nach Jahren des Trainings kommt man langsam dahin, daß man das *tai qi*, die Einheit allen Seins erfahren kann ...

Das klingt sicher noch sehr schwierig für dich; aber mach dir keine Sorgen, auch wir Mönche haben lange gebraucht, bevor wir ein wenig von diesen Dingen verstanden haben.

Wann das *Taijiquan* entstanden ist, ist nicht klar überliefert. Es gibt keine schriftlichen Aufzeichnungen dazu. Eine Legende erzählt, daß es schon im 12. Jahrhundert praktiziert worden sein soll. Von einem Mönch, der *Chang San Feng* hieß. Er soll die ersten Grundformen entwickelt haben.

Das waren zunächst 13 Formen, aus denen sich später viel mehr entwickelten. Berühmt ist die Geschichte vom Kampf zwischen einem Kranich und einer Schlange. Der taoistische Mönch *Chang* hatte diesen Kampf beobachtet und dabei *yin* und *yang* entdeckt. Andere Schriften berichten von der Entstehung vor 300 Jahren. Wir wissen es nicht genau.

Beim *Kungfu* wurden die Kenntnisse nur innerhalb der Klöster weitergegeben. Die Kampfkünste blieben viele Jahrhunderte lang ein Geheimnis.

Beim *Taijiquan* spricht man von Familien-Stilen. Das heißt, die in einer Familie entwickelten Formen wurden immer weitergegeben, von Generation zu Generation, aber nur an die Söhne. Die Väter hatten Angst, daß die Informationen über die *Taiji-Formen* an andere Familien gingen, wenn ihre Töchter heirateten.

Aber von einer Sage muß ich dir noch erzählen: Vor langer Zeit soll ein Kaiser in China den Menschen verboten haben, daß sie Kampfkünste trainierten. Aus Angst, sie könnten sich eines Tages gegen ihn erheben und ihn angreifen. Da haben sie eben alle Formen verlangsamt geübt und das Schattenboxen erfunden. So konnten sie das kaiserliche Verbot umgehen, waren aber trotzdem gut trainiert. Ich weiß nicht, ob die Geschichte stimmt, aber sie ist doch sehr schön, nicht wahr?"

„Komm wieder, wenn du mehr kannst."

Eines Abends, noch in der ersten Woche, stellte der Vize-Abt, der später der buddhistische Vater von David werden sollte, unserem Sohn eine Aufgabe. Er solle die *Wushu-Form*, die ihm die Mitschüler und der Trainer gezeigt hatten, für sich allein trainieren und dann am nächsten Tag vorführen. Eine komplette Form, da trainiert man mitunter Tage oder Wochen dran. Sie verlangten eine ganze Menge von ihm. Was würde er in diesem Jahr alles lernen können? Welche Aufgaben würden die Mönche ihm innerhalb von zwölf Monaten stellen?

Yu Te kam zu seinem Meister. Die Mönche stellten ihm einige Aufgaben. Er war bereits ein ausgezeichneter Kämpfer, er wollte sich messen, aber sein Lehrer konnte ihn immer noch besiegen. „Trainier weiter, und komm wieder, wenn du mehr kannst."

Wieviel Geduld würde David brauchen, um so gut zu werden, wieviel müßte er trainieren? Üben bis zur totalen Erschöpfung ...

20 Sätze Chinesisch

‚Ni hao' heißt ‚Guten Tag', also wörtlich heißt es „du gut" in der Bedeutung von „Ich wünsche dir einen guten Tag", aber du mußt die richtige Tonhöhe sprechen, David, sonst kann es sein, daß du etwas völlig anderes oder etwas Unverständliches sagst. Und im Plural, also, wenn du mehrere Personen ansprichst, dann sagst du: ‚Nimen hao.' Alles klar?

David wird von mir in den ersten Tagen mit 20 Überlebenssätzen der chinesischen Sprache ausgerüstet. 20 kleine Muster, mit denen er jemanden begrüßen und sich verabschieden kann, ‚bitte' und ‚danke' sagen, sich entschuldigen, nach dem Befinden fragen, ausdrücken, daß ihm etwas gefällt oder mißfällt, daß er Hunger oder Durst oder Schmerzen hat, sich krank fühlt, daß er etwas braucht, daß er etwas kaufen möchte, fragen, wie hoch der Preis ist, erzählen, daß er ein kleiner Deutscher ist, jetzt 10 Jahre alt, daß er ein Jahr in Shaolin bleiben möchte, daß er leider nicht versteht, daß sein Chinesisch noch nicht so gut ist ...

20 kleine Sätze für die Kommunikation mit Fremden, 20 Sätze für den Aufbau von Kontakten, um Freunde zu finden, um Fragen zu stellen, um Antworten zu verstehen, um Zuwendung zu bekommen, um zu leben. Es kann nicht ausreichen.

Ich werde ihm später aus Deutschland viel Liebe und weitere Satzmuster schicken, wie soll David das aushalten, sprachlos unter so vielen fremden Menschen, er kann doch noch kein Englisch; werden seine Gefühle in die chinesischen Muster hineinpassen?

Ein Kind, das sich so klar und so gern in der Sprache ausdrückt, was wird es den Mönchen oder den Mitschülern sagen wollen?

Zwei Monate später wird mein Sohn mir am Telefon sagen: „Vielen Dank für den Chinesisch-Unterricht in deinen Briefen, Mama ... Aber du brauchst dir nicht soviel Mühe zu machen, alles, was du mir schreibst, das kann ich längst ..."

Begegnungen mit den Mönchen

„Das waren noch Zeiten", sagt David, „als hier 10 000 Mönche gelebt haben sollen."

Nun sind es 84, sagen uns einige Chinesen, andere sprechen von nur 64, immerhin wieder mehr als noch vor ein paar

Jahren. Während der Kulturrevolution (1966-76) gab es hier gar keinen Klosterbetrieb.

Heute ist ein Feiertag. Alle tragen ihre Festtagsgewänder, ein farbenprächtiges Bild. Nach der Andacht im Tempel stellen sie sich vor dem Eingang zu einem Foto auf, David steht mittendrin, er lächelt und fühlt sich wohl, einige Kämpfer stehen im Hintergrund, mit entblößter Schulter, die Jacke gegürtet mit einer gelben Schärpe. Jeder trägt eine Waffe, einen Speer oder ein Schwert, in der linken Hand.

Auf der Treppe im Vordergrund stehen die älteren Mönche, der alte Abt in der ersten Reihe, die Arme verschränkt unter dem Gewand. Oben auf dem schwarzen Schild, das an der Mauer des Klosters befestigt ist, da steht es: *Shao Lin Si*, geschrieben von rechts nach links, in drei Zeichen. *Shao Lin* bedeutet junger Wald, *Si* heißt Kloster, also das „Kloster des Jungen Waldes" oder auch „Das Kloster zum Jungen Wald".

Auf dem Vorplatz posieren weitere Kämpfer. Die Sonne scheint durch die Bäume auf dieses Bild des Friedens.

In diesen Tagen treffen wir David immer wieder bei den Mönchen. Eine Verständigung ist für ihn verbal noch nicht möglich. Aber es geht auch so. Manchmal mit Händen und Füßen, manchmal schaut er die Mönche nur an. Oder er lächelt. Dann lächeln sie zurück. Und ich denke dann, daß sie bereits eine Möglichkeit gefunden haben, miteinander zu kommunizieren.

Alle Mönche sind ausnehmend höflich zu uns. Manchmal zeigen sie David eine neue Form. Sie fordern ihn dann mit Zeichen auf, die Form zu trainieren. Mit uns führen sie immer wieder Gespräche; sie wollen uns noch einmal erklären, warum die Entscheidung, das fremde Kind in Shaolin zu behalten, so schwer war und ist.

Überall im Dorf begegnen wir den Mönchen, mal in ihrer Alltagskleidung, mal im Klosterbezirk vor einer Andacht, mal in den Bergen, wenn sie meditieren oder trainieren wollen. Immer gibt es ein paar freundliche Worte.

Der alte Abt

„So, du bist also die Mutter von David."

„Ja, und wir sind sehr froh, daß wir in Shaolin sind. David wollte unbedingt hierherkommen."

„David ist ein erstaunliches Kind. Wir haben lange über ihn gesprochen. Er trainiert sehr fleißig, ich sehe ihn morgens ganz früh seine Übungen machen, und am Abend trainiert er noch oft drüben bei der Halle der Höchsten Harmonie. Leider erlaubt es meine Gesundheit nicht mehr, sonst würde ich mit ihm zusammen in den Bergen meditieren ... Aber du siehst ja."

Er weist auf seinen rechten Arm, den mit der Schüttellähmung. „Es ist schade, daß die Menschen heute die Religion nicht mehr so ernst nehmen", sagt er. „Auch die Schüler hier, die wollen nichts mehr von der Religion wissen; sie wollen nur Kungfu machen ... Und David will ein ganzes Jahr bei uns bleiben? Ich denke nicht, daß ich noch so lange hier sein werde."

„Aber wo wollen Sie denn hin? Sie gehören doch nach Shaolin!"

„Ich glaube, es ist Zeit für mich zu gehen. Ich bin schon zu lange auf der Welt. Euch wünsche ich alles Gute. Leb wohl!"

Ich werde ihn noch zweimal wiedersehen. Bei meinem nächsten Aufenthalt in Shaolin werde ich nach dem alten Abt fragen, ich werde ausweichende Antworten erhalten, bis ich ihn dann treffe, im Rollstuhl. Später, wenn die ganze Familie in China sein wird, wird er alle Familienmitglieder kennenlernen, bevor er nach Shanghai gebracht wird, um dort im Kloster zu leben.

Im Inneren des Klosters

Wir sind ungefähr eine Woche in Shaolin. Da gehe ich, wie schon mehrmals, ganz früh hinüber zum Kloster, von Halle zu Halle, in dieser Stille, betrachte die alten Wandmalereien, die kunstvoll gefertigten Stoffe, die Wandreliefs, die Skulpturen der Gottheiten.

Durch die kreisrunden Mauerdurchgänge sehe ich hinüber zu den Wohnungen der Mönche. Die Wäsche flattert im Morgenwind, lauter gelbe Handtücher, einige Mönchsgewänder, in lebendigen Farben mit bunten Stickereien. Die Sonne scheint auf die schwarzen Stelen herab.

Gleich, nach neun Uhr, denke ich, werden die Busse erneut Unmengen von Touristen ausspucken. Und dann werden die Besucher leider wieder die Ruhe im Kloster stören.

Ich muß lächeln. Zum ersten Mal fühle ich mich im Klosterbereich zu Hause. Ich bin drinnen – und die Besucher sind draußen. Ob es David auch so geht?

Die Beziehung zum Kloster Shaolin ist gewachsen, es hat sich uns geöffnet, ganz langsam. „Ich fühle mich viel lebendiger, wenn ich im Kloster bin." Diese Aussage höre ich mehrmals von David.

Nach und nach gehören wir dazu. Unser Radius wird immer größer. Wir dürfen nun die Mönche in ihren Zellen besuchen, wir können fotografieren, wo und was wir wollen. Niemand stört sich mehr daran, wenn wir die *Wushu*-Schüler bei ihrem Training beobachten. Viele Stunden trainieren die *Kungfu*-Lehrlinge täglich auf harten Lehmboden oder am Sandsack.

Wir schauen zu beim Restaurieren der alten Anlagen, beim Neubau des Glockenturms. Später, bei einer anderen Reise, werde ich erleben, wie der neue Trommelturm erbaut wird. Wenn wir am Abend durch Shaolin schlendern, ist David nicht immer bei uns. Wir finden ihn dann bei seiner Freundin, der uralten, weisen Schildkröte aus grauem Gestein (einer Stele im Klosterinnenhof) oder in einer der Klosterzellen, bei den Mönchen. Er schläft, sozusagen auf Probe, bereits in der *Wushu*-Schule.

Schon am nächsten Morgen um 5.30 Uhr ist alles wieder beim Training. Üben, üben, und noch einmal üben. Begeistert und konzentriert sind alle *Wushu*-Schüler bei der Sache.

Wenn dann am Morgen die Touristen kommen, dann fahren einige mit den Pferde- und Eselswagen vom Eingang des Klostergeländes hinauf bis zu den Tempeln. Der Weg ist anstrengend. Was sollen dann erst die *Wushu*-Schüler sagen? Es ist ziemlich hektisch, wenn das ganze Dorf auf den Beinen ist, wenn die *Kungfu*-Schüler trainieren und alle Besucher durch das Dorf laufen.

Sie kommen aus ganz China hierher, dazwischen immer die Busse mit den Langnasen, die meisten Ausländer sind Amerikaner, viele Touristen kommen aus anderen asiatischen Ländern, Europäer sind nicht so viele darunter. Die kommen eher ein wenig später im Herbst, wenn das Klima erträglicher ist. Nachdem die Gruppen durch sämtliche Hallen und Sehenswürdigkeiten geschleust wurden (die jungen Damen mit Megaphon immer vorneweg: „Und jetzt kommen wir in die Haupthalle ..."), ergießen sich die Touristen in alle kleinen Restaurants im Dorf.

Neue Busse kommen an, die Besucher kaufen Souvenirs in großen Mengen. Dazu gehören Buddhafiguren, kleine Trommeln, *Guanyin*-Figuren, Glücksanhänger, Gebetsketten, Musikkassetten, Porzellanfiguren mit und ohne Beleuchtung. In Gruppen spazieren die Besucher durch den Ort, zum Friedhof am Ende des Dorfes, dahinter liegt auch die Seilbahnstation.

Wer einen ganzen Tag Zeit hat, der muß natürlich hinauf zur Damohöhle. Die Besucher, die nur kurz bleiben, müssen wenigstens Seilbahn fahren bis zum Gipfel, die *Longmen-Grotten* sehen und im Eiltempo ein paar Königsgräber in der Nähe. Sie schauen durch die Ferngläser, die am Wegrand aufgestellt sind, für ein paar Pfennige nach oben, zu *Damo*.

Ein paar alte Frauen folgen den Touristen; sie warten darauf, daß die Besucher wieder leere Flaschen und Abfälle wegwerfen. Sorgfältig werden Flaschen, Papier und Plastik gesammelt und voneinander getrennt. Dafür bekommen sie ein paar Pfennige Pfand.

Auf dem Klostergelände lerne ich eine dieser alten Frauen

näher kennen. Sie liest den Abfall vom Boden auf, schaut nach leeren Flaschen. Wir lächeln uns an, kommen ins Gespräch. Da stellt sie ihren Plastiksack ab, wir setzen uns im Sonnenschein auf eine Bank und versuchen, uns zu verständigen.

Sie hat zwei zerknitterte alte Fotos bei sich; eines ist ein Familienfoto in schwarzweiß mit gezackten Rändern, nun ist es vergilbt; es zeigt sie mit ihrem Mann und den vier Kindern. Der Mann ist inzwischen verstorben, die Kinder sind erwachsen und arbeiten Hunderte von Kilometern entfernt. Das ist nicht selten in China, daß du so weit von der Familie entfernt lebst und arbeitest; die alte Frau lebt nun allein, sie habe bessere Zeiten gesehen, sagt sie, und zeigt das zweite Foto.

Sie hatten einen schönen großen Bauernhof und etwas Land, für chinesische Verhältnisse waren sie damit Großgrundbesitzer: „Hier, sieh mal, da sind wir vor unserem Hof", sogar Landarbeiter hatten sie, dann kam die Kulturrevolution über das Land, und sie verloren alles.

Sie ist nicht verbittert, sie trägt geduldig ihr Schicksal, fährt behutsam über die Fotos, streicht sie glatt, steckt sie vorsichtig in ihre Jackentasche und lächelt mich an. Sie hat ein schönes Gesicht, unter dem grauen Haar, das in zwei dünnen Zöpfen knapp bis auf die Schultern reicht.

Wenn sie so lächelt, sieht sie aus wie ein junges Mädchen. „Erzähl du doch mal von dir, du kommst also aus Deutschland. Hast du einen Mann, hast du Kinder, wie alt bist du?" Typische Fragen in China. Meist kommt dann sofort die Frage nach dem Einkommen. Ich habe auch Fotos bei mir.

Lange schaut sie alles an, stellt Fragen, nimmt meine Hand in ihre Hand; und so sitzen wir, lassen uns von der Sonne bescheinen, dann sagt sie: „Ich muß wieder arbeiten." Bis zum Einbruch der Dunkelheit will sie noch Abfälle sammeln. Als ich ihr ein paar Yuan zustecken möchte, wehrt sie heftig ab: „Ich kann von dir doch kein Geld nehmen." Ich treffe sie noch ein paarmal, sie wird mich dann wie eine alte Bekannte grüßen. Zeit für ein Schwätzchen nimmt sie sich immer.

Einmal bin ich mit David zusammen, als wir die alte Frau treffen. Sie hat inzwischen die Geschichte von dem seltsamen kleinen Ausländer vernommen. „Hab ich mir doch gedacht, daß das dein Kind sein muß." Und dann will sie mit ihm sprechen. Ich übersetze die Fragen, und mein Sohn antwortet bereits in chinesischer Sprache:

Die alte Chinesin: „So, du kommst also aus Deutschland?"
David: „Ja."
Die alte Chinesin: „Wie gefällt es dir hier?"
David: „Sehr gut."
Die alte Chinesin: „Und du willst hier *Wushu* lernen?"
David: „Ja."

Dazu ein strahlendes Lächeln. Ich sehe schon, die beiden verstehen sich. Auch ohne viele Worte.

David erinnert sich später: „Die Begegnungen mit solchen Menschen fand ich ganz toll. Heute bin ich froh, daß ich diese Erfahrungen in China gemacht habe.

Mit der Schule, das hab ich mir schwerer vorgestellt, ein Jahr zu verlieren. Aber das hat auch alles gut geklappt. In Shaolin hatte ich bald Freunde. Das hat mir geholfen, mich besser einzuleben.

Am Anfang konnte ich mich mit denen kaum unterhalten, das war manchmal blöd, aber manchmal auch ganz lustig.

Ich hatte zu allen Mönchen eine gute Beziehung, am wichtigsten waren die Lehrer und Meister für mich. Ich lerne mehr, wenn es nicht so streng ist, die meisten waren aber sehr streng. Wenn mir das Training Spaß macht, dann habe ich Lust, freiwillig was zu lernen. Ich denke, ich lerne dann viel mehr, wenn ich mich nicht gezwungen fühle.

Aber auch die normalen Leute im Dorf waren so nett zu mir. Nur der Anfang war schrecklich. Aber das weiß man ja. Ich hatte Probleme mit dem Magen, fühlte mich oft krank, mir war schlecht, dann hatte ich auch Durchfall, weil ich mich erst an das Essen gewöhnen mußte. Die kochen ja in China immer mit Öl. Als ich das Kloster zum ersten Mal gesehen habe, da dachte ich: Nee, hier bleibe ich nicht. Auch, als meine Eltern und meine kleine Schwester wegfuhren, dachte ich, ich hätte mitfahren sollen. Mir wurde dann erst klar: Jetzt sind sie wirklich weg, jetzt bin ich ganz alleine. Ja, einen Tag später, da ging es schon. Es wurde immer leichter.

Nach zwei oder drei Monaten war dann vieles besser, aber der Anfang ist ja meistens am schwierigsten. Aber nach kurzer Zeit, da hatte ich mich eingelebt. Da fühlte ich mich im Inneren des Klosters zu Hause."

Es ist Abend in Shaolin. David geht noch einmal hinüber in die Hallen des Klosters. Er macht ganz den Eindruck, als sei er hier bereits zu Hause. Er bewegt sich völlig selbstverständlich im Dorf, hier im inneren Klosterbezirk, grüßt die Leute, die ihn inzwischen alle zu kennen scheinen. Wenn er im Schein der untergehenden Sonne andächtig an den Statuen des Klosters vorbeigeht, vorsichtig mit der Hand über die Figuren streicht, könnte man manchmal den Eindruck gewinnen, daß die eine oder andere *Buddhafigur* Davids Gruß erwidert ...

Der alte Mönch erzählt: „David, du sagst, daß dir die Natur hier so gut gefällt. Wir finden das erstaunlich, daß ein kleines Kind das schon sehen kann. Du hast recht, das Songshan-Gebirge ist wunderschön.

Aber nicht nur wegen der Schönheit der Landschaft und wegen der langen Geschichte seiner Kultur ist es berühmt, sondern auch, weil die drei Religionen hier miteinander verschmolzen sind. Ursprünglich waren die Lehren von *Gautama Buddha* in Indien und der Daoismus, begründet von *Laozi (Laotse)* und der *Konfuzianismus,* also die Lehren von *Konfuzius,* natürlich ganz verschieden.

Als der *Buddhismus* dann in China verbreitet wurde, da mußte er sich anpassen und einige der alten Lehren übernehmen. Sonst hätten die Menschen ihn nicht angenommen, denn *Daoismus* und *Konfuzianismus* waren schon länger da.

Wir betrachten heute Religionen und Philosophien als verschiedene Wege zu dem gleichen Ziel. Jede Religion hat ihre eigenen Verdienste. Du kannst hier in Shaolin auch unterschiedliche Einflüsse finden, manches ist rein buddhistisch, andere Figuren oder Ornamente gehören eigentlich zum *Daoismus*, und wir berücksichtigen auch viele der Lehren von *Konfuzius*, zum Beispiel, daß man den Eltern gehorchen und dankbar sein muß. Ich bin jetzt müde, David. Ich muß ein wenig ruhen. Komm morgen wieder."

David begleitet uns. Wir gehen gemeinsam die Klostertreppe hinauf; er kennt jetzt schon die unterschiedlichen Hallen, die Halle der Himmelskönige, die Haupthalle, die Halle des Abtes mit der Bronzeskulptur von *Bodhidharma*.

Das Bronzebildnis ist ein Geschenk aus Japan. Weiter oben befindet sich die *Dharma-Halle*. Dort gibt es ein Bildnis von *Damo*. Am Ende der Treppe liegt die *Tausend-Buddha-Halle*. Das große Wandbild aus der *Ming-Dynastie* wird David später oft anschauen. Es trägt den Titel „Fünfhundert heilige Mönche bei der Verehrung des Buddha Vairocana". Das ist der Ur-Buddha.

Noch interessanter für David ist aber die Information, daß die Vertiefungen im Steinboden der Tempelhalle der Weißen Robe (Bai Yi Dian) durch die Shaolin-Mönche beim Training entstanden sein sollen. In vielen Jahrhunderten. David stellt sich hinein in eine dieser Vertiefungen. Man sieht ihm an, daß er sehr beeindruckt ist.

Er trainiert in den Fußstapfen der alten Shaolin-Kämpfer. Weiter geht es zur rechten Seitenhalle. Sie wurde gegen Ende der Kaiserzeit ausgemalt. In vielen Kampfszenen erfährt man etwas über die Geschichte des Klosters.

In der Halle der Höchsten Harmonie

Wenn Sie aus dem Kloster kommen, wenden Sie sich nach links, gehen über die Brücke und sehen auch schon die Halle der Höchsten Harmonie, einen Tempel mit 1000 Mönchs-Figuren. In diesem Gelände hält sich David gern am Abend auf. Dann kommt er hierher zum Training, streift durch die Parkanlagen und sieht sich immer wieder die unterschiedlichen Mönche aus Gips an.

Auf Mauervorsprüngen im Garten der Anlage ist er ein Kranich, steht auf einem Bein, drei Meter über dem Boden, klettert auf den Felsen umher, als habe er nie etwas anderes getan, balanciert über schmale Stege, springt so hoch, daß man denken könnte, er fliegt; trainiert unermüdlich, ist selten mit seiner Leistung zufrieden.

Man sieht, daß er bei den Übungen ganz in sich ruht. Wenn er *Wushu* macht, vergißt er seine Umgebung und trainiert Formen, die Hunderte von Jahren alt sind. Harmonisch wirken die Formen und mitunter elegant. Manchmal kann man die Tiere in den Formen erkennen. Den Affen, die Schlange, den Kranich, den Tiger.

Immer wieder zieht es ihn zurück in die Halle. Lange betrachtet er die wunderbaren großen Figuren am Altar. Dann geht er nach draußen über die weißen, kiesbedeckten Wege, zu der kleinen Pagode im Park, setzt sich dort nieder und meditiert. Stundenlang. Spät am Abend trainiert er wieder. Der Schweiß rinnt in kleinen Bahnen über sein Gesicht. Die Mönche werden sagen: „Wir wundern uns, wieviel Energie in David steckt ..."

Bekannt wie ein bunter Hund

„Tja, das war schon so, daß mich ganz schnell alle kannten. Und sie wollten mich immer anfassen. Manche glauben, das bringt Glück, wenn sie über blonde Haare streichen. Manchmal war mir das wirklich zuviel. Auch mit dem Fotografieren! Freunde habe ich gleich am Anfang gefunden, aber ich fühlte mich mehr zu den Älteren hingezogen.

Als sie alle ‚*xiao laowai*' riefen und ich am Anfang noch nicht wußte, daß das nicht böse gemeint ist, wenn sie ‚kleines, altes Ausländerchen' sagen, da war ich beleidigt. Es waren immer so viele um mich rum, da bin ich manchmal einfach weggegangen, um Ruhe zu haben. Ich bin dann in mein Zimmer gegangen. Nach und nach habe ich die Mönche besser kennengelernt, am Anfang konnte ich mit denen ja auch noch nicht auf Chinesisch sprechen.

Und ich wollte so gern im Kloster selbst schlafen, nicht in der *Wushu*-Schule. Also, ich bin immer wieder dahin, um zu fragen, ob ich im Kloster schlafen kann. Ich habe immer wieder nachgefragt. Dabei habe ich die Mönche kennengelernt und bin immer öfter zu ihnen gegangen. Erlaubt haben sie mir aber nicht, im Kloster zu schlafen. Den ganzen Tag durfte ich dableiben, aber zum Schlafen mußte ich zurück in die *Wushu*-Schule nebenan.

Später waren die Mönche ganz normale Freunde für mich. Wir haben viel geredet, ein bißchen Spaß gemacht. Am Anfang wollten alle immer meine Kungfu-Formen sehen. Dann haben sie gesagt, ich hätte schnell gelernt.

Alle haben in Shaolin von dem kleinen alten Ausländer gesprochen; ich kannte natürlich anfangs noch niemanden.

Die Leute in den kleinen Gaststätten, wo ich gefrühstückt habe, die waren immer ganz höflich zu mir und gastfreundlich. Das ist da so. Später kannte ich viele Leute. Auch in den Bergen. Ich bin zwar nicht regelmäßig dahingegangen, aber immer, wenn ich sie besucht habe, haben sie mich sehr freundlich begrüßt. Wir haben dann Chinesisch gesprochen.

Mit meinen Freunden habe ich auch Witze erzählt, bloß andere als in Deutschland, die Chinesen lachen über andere Sachen als wir. Also, es war alles ganz normal, wie zu Hause, nur daß ich eben in China war."

Der alte Mönch erzählt: „Die Kampfkünste, das *Shaolin-Kungfu*, haben natürlich das Kloster Shaolin ganz berühmt gemacht, sowohl in China als auch in anderen Ländern. Ihr seht ja, wie viele Touristen kommen. Viele Schüler und Lehrer kommen nach Shaolin, um hier Kampfsport zu lernen oder um ihr *Kungfu* zu verbessern.

Du bist das erste Kind aus Europa, David, das den Weg zu uns gefunden hat. Aber auch *Buddhisten* aus der ganzen Welt kommen hierher, sie wollen mit uns über die buddhistischen Lehren und Theorien sprechen.

Als im Jahre 527 *Damo* nach China kam, da hatte seine Reise über das Land und das Meer drei Jahre gedauert. Er ging in Guangzhou an Land. Dann wollte er nach Norden. Aber als er am Yangzi-Fluß (Yangtse) stand, gab es kein Boot, um hinüberzukommen. Also nahm Damo ein Blatt, warf es in den Fluß, stellte sich auf dieses Blatt und bewegte sich so weiter.

Ich habe dir schon die Steintafel gezeigt, David, auf der diese alte Geschichte festgehalten ist. So kam also der indische Mönch nach Shaolin. Er hat dann neun Jahre oben auf dem Wuru-Berg meditiert. Das weißt du ja schon. Komm, wir gehen jetzt zum Essen. Heute gibt es Nudeln. Wir haben dem Koch Bescheid gesagt, daß du mit uns ißt. Nudeln magst du doch so gern."

Abschied der Eltern von Shaolin

Als David sich entschieden hatte, wirklich in Shaolin zu bleiben, für dieses ganze Jahr, da hatte er gesagt: „Ja, Papa, das möchte ich so gern. Ich will *Wushu* lernen und Meditation und Chinesisch. Paßt mal auf, wenn ich dann so gut bin, kann ich vielleicht später auch eine Schule haben in Deutschland. Damit kann man bestimmt viel Geld verdienen. Ich möchte auch in *Kungfu-Filmen* mitspielen. Und ich möchte berühmt werden. Wie Bruce Lee."

David ist ganz aufgeregt. Man sieht dem kleinen Kerl an, daß es ihm einerseits schwerfällt, sich von der Familie zu trennen. Aber er hat ganz viel Kraft und natürlich – kindliche Träume. Von Geld. Von Ruhm. Von einer glänzenden Zukunft.

Doch das alles ist nicht das Wichtigste. Immer wieder sagt er uns, daß er sich vor allem diese Meister-Schüler-Beziehung wünscht.

Wir müssen nun abreisen. Zunächst fahren wir nach Zhengzhou, in die Provinzhauptstadt, von dort soll es zurückgehen nach *Shanghai*. „Nein", sagen unsere Wirtsleute aus dem kleinen Gasthaus, „ihr sollt nicht allein fahren. Wir bringen euch." Das ist wieder typisch chinesisch. Der Wirt hat zwar kein Auto, doch das ist kein Problem, der Dorfpolizist hat ja eins. Und so fahren wir, gut betreut, der Dorfpolizist steuert den Kleinbus älteren Baujahrs, unser Wirt sitzt daneben und versorgt uns mit guten Ratschlägen.

Da die beiden rasch zurück sein müssen, schon nach sieben Stunden, wie sie uns sagen, sorgen sie dafür, daß Bekannte, die in einem Hotel in Zhengzhou arbeiten, uns „übernehmen". Die besorgen uns trotz unseres heftigen Protestes die Zugtickets („Das können wir doch allein!" – „Kommt gar nicht in Frage!"), warten stundenlang mit uns, bringen uns zum Bahnhof, tragen unser Gepäck ins Abteil und verstauen alles. Dann erst betrachten sie ihre Aufgabe als erledigt. Wir kennen uns genau 3 Stunden. Als wir ihnen für all die Mühe mit Geld danken wollen, weil wir nichts anderes mehr haben, das wir verschenken könnten, lernen wir eine weitere chinesische Lektion: „Wir können von euch kein Geld annehmen. Wir sind doch Freunde."

In der letzten Nacht vor der Abreise war David bei uns in unserem kleinen chinesischen Gasthaus. Er hatte in der *Wu-shu-Schule* „Urlaub" bekommen. Für eine Nacht. „Die erste Hälfte schlafe ich bei Mama, die zweite bei Papa." Keiner von uns schlief wirklich. David lag, eng an mich gekuschelt, neben mir und schaute immer wieder im Halbdunkel beim Schein des Mondes auf die Uhr.

Mitten in der Nacht kletterte er hinüber zu seinem Vater: „Ich brauch euch doch beide." Am nächsten Morgen hatte er Training. Draußen. David wurde, als wir abfahren wollten, aus seiner Übungsgruppe herausgerufen. Da war kein Raum für Gefühle. Der Abschied ging kurz und sachlich vor sich. Öffentlich, wie alles in China. Die Trainer, der Abt, einige Mönche, der Direktor der *Kungfu*-Schule und ungefähr neunhundertundneunzig neugierige *Kungfu*-Lehrlinge auf dem Platz schauten interessiert und ungeniert zu.

Wir mußten noch packen. Heimlich hatten wir ein Geburtstagsgeschenk für unseren Sohn vorbereitet und Direktor Chen in Verwahrung gegeben. Zwei Monate später würde David elf Jahre alt werden. Ohne uns.

Er sollte zum Geburtstag ein Buch über *Shaolin-Kungfu* bekommen, mit phantastischen Bildern vom Kloster, der wunderbaren Natur in der Umgebung und vom Können der Mönche.

Erst im Zug von Zhengzhou nach Shanghai kamen wir langsam zur Besinnung, wir fragten uns immer wieder, ob die Entscheidung richtig gewesen war. Noch waren wir in China, für chinesische Verhältnisse nur einen Katzensprung von unserem Kind entfernt, bloß siebenhundert Kilometer.

„Wo ist denn David?" fragte das Hotelpersonal in *Shanghai* bei unserer Rückkehr, in unserem Hotel, in unserer Straße, wo wir unsere beiden Doppelzimmer behalten und Gepäck zurückgelassen hatten.

Als sie die Geschichte erfuhren, reagierten die Hotelangestellten ganz pragmatisch: „Was, David ist in Shaolin geblieben? Dann zieht ihr sofort um. Ihr bekommt jetzt ein Dreibettzimmer. Da könnt ihr Geld sparen." Tatsächlich, nun zahlten wir umgerechnet DM 28.- pro Tag.

Zwei- oder dreimal ging ich mit Natascha in das luxuriöse Ausländerhotel ganz in der Nähe, ich gebe zu, wir genossen die vollklimatisierte Atmosphäre, wenn draußen vierzig Grad im Schatten herrschten, ich trank einen Kaffee, ja, bringen Sie mir bitte auch ein Stück Kuchen, Natascha wollte so gern einen Hot dog und eine Cola mit Eis.

Wenn du dann erfährst, daß die Frau, die die Toiletten reinigt, dir das Papier bereitlegt, den Wasserhahn für dich öffnet, dir das Handtuch anreicht, immer freundlich lächelt und ein paar Höflichkeiten mit dir wechselt, in einem ganzen Monat soviel verdient wie du in einem Stündchen für eine kleine Erholungspause vom chinesischen Alltag ausgibst, dann schmecken dir die ganzen Köstlichkeiten nicht mehr ...

DRITTER TEIL

Davids Zimmer in der Wushu-Schule

Mein Mann, Natascha und ich sind längst aus Shaolin abgereist. David hat sich inzwischen eingelebt. Das wissen wir durch seine spröden Karten, kurzen Briefe und aus ein paar einsilbigen Telefongesprächen, die uns später in Deutschland erreichen.

Es wird kalt in Shaolin. Der Winter naht. Insgesamt wird David in Shaolin in vier verschiedenen Zimmern untergebracht sein. Am Anfang wohnte er zusammen mit zwei Trainern, die sollten nach dem kleinen Deutschen sehen und ihn ein bißchen betreuen. Dann bekam er ein Zimmer für sich allein. Etwas ganz Besonderes. David hat sich inzwischen sein Zimmer, oder besser, seine Zelle, eingerichtet.

Der nackte Steinboden ist peinlich sauber, ein kleiner Strohbesen, den er bei einem Händler gekauft hat, steht an der Wand, griffbereit. Täglich macht David sauber. Drinnen ist es so kalt wie draußen. Alles ist einfach und praktisch. Er hat sich auch ein kleines Bad eingerichtet: In einer Ecke steht ein Karton, darauf liegt ein Brett. Auf dem Brett hat David aufgebaut, was er teils noch von uns und seiner kleinen Schwester bekommen hat.

Wir haben ihm dagelassen: Waschpulver („Da weiß man, was man hat"), Zahncreme (unterschiedliche Tuben), Haarspray, Erfrischungstüchlein (aus dem Flugzeug). Alles Luxus. Später geht es auch ohne ... Dann wird er sich nur noch preisgünstige chinesische Zahnpasta kaufen. Und Seife. Mehr braucht er nicht. In der Badezimmerecke steht immer ein Plastiksack für den Abfall.

Lange hat er gesucht und geschleppt. Ein altes Brett, über Ziegelsteine gelegt, das ist Davids selbstgebauter Schreibtisch. Das große Handtuch mit chinesischen Motiven ersetzt die Tischdecke. Seine Bücher hat er hier, einen chinesischen Kalender, die Stempel mit Namen, die er für seine Familie hat anfertigen lassen (dieses Geschenk werden wir erst später in Deutschland bekommen), seinen kleinen Igel (den Trost für einsame Stunden), eine Taschenlampe, ein paar Süßigkeiten (Ritter Sport, noch von Mama und Papa), sein Tagebuch. Hier schreibt er an uns und an seine Freunde.

Über dem Schreibtisch ist ein kleiner Mauervorsprung zu sehen. Dort hat sich David einen kleinen Altar gebaut. Die bunte Altardecke – ein kleines chinesisches Handtuch. Darauf thront sein *Buddha* (auf zwei Ziegelsteinen, die eine Erhöhung bilden), bewacht von weißen Steinlöwen, die rechts und links zu beiden Seiten des Erleuchteten stehen. Daneben sieht man Räucherstäbchen. Links davon bewahrt David später die Briefe aus der Heimat auf, Luftpostbriefe.

Die Wand, früher einmal weiß, seit Jahren nicht mehr gestrichen, hat er dort, wo die Farbe gänzlich abgeblättert war, mit Pappe bedeckt. Hinter der Pappe versteckt er im Winter manchmal sein Taschengeld, an verschiedenen Stellen. Er will vermeiden, daß es ihm wieder gestohlen wird, von Mitschülern, die so wenig haben, daß David sogar ihre Beweggründe verstehen kann. Es schmerzt trotzdem.

Zwei Betten stehen in der kleinen Zelle, zeitweise hat hier auch noch ein junger Mann aus Mauritius geschlafen. Wenn David sich mit ihm unterhalten wollte, so hatten sie keine gemeinsame Sprache. Diesem Umstand verdankt David es, daß er etliche Englisch-Grundkenntnisse erworben hat. Meistens aber ist David allein.

Das Einzelzimmer ist ein Privileg. Er, der kleine Ausländer, soll es gut haben, soll nicht mit 29 anderen in einem Raum schlafen. Seine Mitschüler können verständlicherweise mit solchen Entscheidungen der *Wushu*-Schule nicht so gut umgehen.

Auf einem Bett hat er ordentlich die Kleidung für diese Jahreszeit aufgestapelt. Seine Reisetaschen und weitere Kleidungsstücke hat er unter dem zweiten Bett (dem mit den wattierten chinesischen Decken, bestickt mit bunten Motiven, die auch gegen böse Geister helfen sollen) verstaut, genau wie seine Schuhe. Drei Nägel an der Wand – seine Garderobe.

Später wäscht er alle zwei, drei Tage seine Unterwäsche. Einmal hatte er, als er krank war, zehn Tage lang nicht gewaschen. Er konnte sich einfach nicht aufschwingen. Dann gab es einen Auflauf aller Mitschüler, die in seiner Nähe wohnten. Er hatte 10 oder 12 Unterhöschen auf die Leine vor seinem Zimmer gehängt, zum Trocknen. Dort flatterten sie im Wind. Nie wieder würde er das machen.

Die Schüler kamen alle zur Besichtigung und lachten sich halbtot. So viele Unterhosen hatte der seltsame kleine Ausländer, das hatten sie noch nie gesehen.

Der alte Mönch erzählt: David, du hast so hart trainiert, Direktor Chen von der *Wushu-Schule* hat gesagt, daß du alle Bitterkeiten hinuntergeschluckt hast *(chiku)*. Wir wundern uns, daß du so tapfer durchhalten kannst. *Kungfu* ist eine Möglichkeit, den Geist zu beruhigen, ich glaube, das hast du schon erfahren.

Eine andere Möglichkeit, diesen Zustand zu erreichen, ist, einfach ruhig dazusitzen, du warst ja schon mit den jungen Mönchen zum Meditieren in den Bergen; aber ich empfehle dir auch, einmal zu versuchen, mit dem Gesicht gegen eine Wand zu sitzen; so hat es *Damo* gemacht.

So wirst du auch ganz ruhig. Man kann heute noch einen Abdruck sehen, wir haben jetzt diese Originalsteintafel hier unten im Kloster (Diese Information stimmt nicht; es handelt sich um eine Kopie. Die Originalsteintafel ist 1928 dem großen Feuer zum Opfer gefallen, M.S.), also, da sieht man einen Gesichtsabdruck von Damo, als er oben in der Höhle meditierte. Niemand kann sich wissenschaftlich erklären, wie dieser Abdruck auf den Stein kam.

Du warst doch schon oft oben auf dem Wuru-Berg. Da hast du das steinerne Tor gesehen, vor der Höhle des *Damo*. Ich will dir jetzt erklären, was auf diesem Tor eingemeißelt ist. Dort steht: ‚Der Platz des *Nirvana*.'

Das Kloster Shaolin wurde immer wieder zerstört, mal durch Krieg, mal durch Feuer. Dann wurde es immer wieder originalgetreu aufgebaut. Du hast ja gesehen, was alles in den letzten Jahren neu erbaut wurde. Wir sind noch lange nicht fertig; aber wir müssen immer wieder Geld sammeln, um die Hallen zu restaurieren. Bald ist der neue Glockenturm fertig; der war ganz schön teuer, er hat 400 000 Yuan gekostet (ca. DM 80 000,-). Jetzt kommt der neue Trommelturm dran. Das schlimmste Feuer in Shaolin im Jahre 1928 hat viel zerstört. Da brannte das Kloster 40 Tage lang. Für heute ist es genug. Wenn du mich wieder besuchst, David, erzähle ich dir vom *Shaolin-Kungfu*."

Die Reise nach Putuo Shan

Während David in das Alltagsleben von Shaolin hineinwuchs, reisten wir mehr als einen Monat durch das Land, in Gedanken immer bei David.

Wir wollten zu der Shanghai vorgelagerten Insel *Putuo Shan*. Das Schiff fuhr mehr als zwölf Stunden, wir hatten Kabinen im Inneren des Schiffsrumpfs, blieben aber fast die ganze Nacht auf, um an Deck den Sternenhimmel und die Umgebung zu beobachten, erst nur Umrisse, Schatten in der Dunkelheit, die alten Schiffe, an denen wir vorbeifuhren, gegen Morgen dann die Arbeiter auf den Fahrrädern, auf dem Weg zur Arbeit, die Bauern auf den Feldern. Wenn wir miteinander sprachen, dann meistens über David.

Wir waren traurig bei der Abfahrt im Hafen von *Shanghai*, weil es den *Huangpu-Park* nicht mehr gab. Das war der Park, in dem die Engländer in Kolonialzeiten Schilder aufgestellt haben sollen: „Für Hunde und Chinesen verboten!"

Wir wurden später für die Enttäuschung entschädigt, daß der Park nicht mehr existierte. Als wir vom Meer aus am Abend das Panorama der Stadt sahen (angestrahlt abends von 9-11 Uhr), ein buntes Lichtermeer, da waren wir ein wenig getröstet; in nichts steht die Skyline von *Shanghai* den großen Städten der westlichen Welt nach.

Wir standen auf dem Schiffsdeck, sahen die Sterne in der dunklen Nacht, erlebten dann das Morgengrauen. Ohne David.

Das Schiff legt an. Alle Besucher begeben sich entweder mit einem Taxi, einem alten, klapprigen Autobus oder – eben wie richtige Pilger – zu Fuß und, dies ist noch eine Steigerung, sich in den Staub werfend und die Entfernung mit dem eigenen Körper ausmessend, die Treppen hinauf, die staubigen Wege entlang, dann durch den Wald (Kiefer- und Kampferbäume geben ein wenig Schatten) zu den Klöstern. 90 sind noch erhalten. Viele dieser Klöster wurden bereits im 11. Jahrhundert gegründet.

Ganz oben wird der Pilger durch die wunderbare Aussicht und durch das Gefühl, es geschafft zu haben, für alle Anstrengungen belohnt.

Am nächsten Morgen gehen wir schon ganz früh von unserem kleinen Hotel aus zu den Lotusteichen unten im Ort. Die Sonne scheint, es ist friedlich, aber in uns erleben wir einen Aufruhr: Was ist mit David? Wie mag es ihm gehen? Wir beschließen, uns mit den Fragen nicht verrückt zu machen. Wir wollen mit Natascha den kleinen Ort besuchen.

Durch einen Torbogen betreten wir das Zentrum des Dorfes. Rechts und links befinden sich Dutzende von kleinen Geschäften. Unten sind die Läden, darüber wohnen die Geschäftsleute. Die duftenden Garküchen ziehen uns an. Jahre zuvor habe ich in China viele solcher Orte besucht. Sie waren noch einfacher gewesen.

Heute ist das Leben farbiger. Es gibt viel mehr Waren, die Läden sind gefüllt. Eine weitere Veränderung: Es gibt Hunderte von Plastikschüsseln und Eimern in leuchtendem Rot, Gelb und Blau. Darin befinden sich die vielen Früchte und

Gemüsesorten, aber auch die unglaublich vielen Arten von Fischen und Meerestieren, die hier, noch lebendig, in wenig Wasser paddelnd oder schon bedenklich ruhig liegend, auf die Kunden warten. Die suchen sich ihren Fisch, ihre Krabben oder ihre Muscheln aus, tja, und dann geht es denen an den Kragen. Die Wirte oder Angestellten der kleinen Gasthäuser versuchen, die Gäste für sich zu gewinnen. Alle Speisen sind frisch und in wenigen Minuten zubereitet.

Schmale Treppen führen durch die malerischen Gassen hinauf auf den Berg. Dort oben gibt es weitere Klöster.

Die Sorgen der Großmütter

Die Familie ist wieder in Deutschland. Ohne David. „Ich hab's doch gewußt", sagt meine Mutter, „ich hab's gewußt. Die ganze Zeit über, als ihr fort wart, hatte ich so ein Gefühl. David hat mir doch selbst gesagt, er würde so gerne in China Kampfsport lernen." Tapfer erträgt die Dreiundsiebzigjährige die Nachricht, daß David ein Jahr in Shaolin bleiben wird, jetzt muß es ja auch endlich raus. Wir sind zurück, und nun muß die Omama es erfahren.

Allzu überrascht ist sie nicht; sie hat ein ganz feines Näschen für solche Entwicklungen. Aus dem ganzen Bekannten- und Verwandtenkreis ist sie diejenige, die die größte Toleranz zeigt. Die Reaktionen sind unterschiedlich. Einige halten uns für komplett verrückt, manche reagieren aggressiv.

„Wie kann man nur! Das ist doch kriminell!" oder „Die schieben ihr Kind einfach ab." Wenige nur finden unser Verhalten spontan gut: „Das hätte ich mir auch gewünscht!"

In Michaels Schulklasse ist sein kleiner Bruder, der so eine ungewöhnliche Reise gemacht hat, tagelang Unterrichtsthema: Ein so kleiner Schüler, der genau weiß, was er will – und der für seinen Traum kämpft ... Die Großmutter sagt: „Es ist euer Kind. Und ich akzeptiere eure Entscheidung." Eine Sorge hat sie nur: „Seid ihr sicher, daß die Mönche David

nicht überreden werden, für immer in Shaolin zu bleiben?"
Wir sind sicher, daß sie genau das nicht tun werden.

In China kann man auch für kürzere Zeit in ein Kloster eintreten und es später wieder verlassen. Die Türen stehen in beide Richtungen offen.

Da ist noch jemand, der sich von unseren Eskapaden nicht erschüttern läßt: Die Großmutter väterlicherseits, auch eine Witwe, eine liebe, alte Dame, die zur Unterscheidung von der Omama Schneider ‚Oma Meyer' genannt wird.

Auch sie nimmt Helmuts Bericht ein wenig besorgt, aber gelassen auf.

Die tapferen Großmütter überstehen die Nachricht von Davids Aufenthalt in Shaolin ohne Herzinfarkt. Sie nehmen regen Anteil, sind nur manchmal traurig. Aber sie möchten alles wissen, was unser kleiner David macht.

Eine Studentin, die zu einer Informationsveranstaltung in unsere Sprachenschule nach Köln gekommen war und von Davids Traum gehört hatte, schickte mir eine Videokassette zu. Es war die Kopie des Films über Su Yuns Pilgerreise. Ich schaue mir in Ruhe noch einmal den Film über den alten Mönch aus dem Kloster Shaolin an.

Die beeindruckende Pilgerreise des alten Mönchs, das Alltagsleben der Mönche in Shaolin, Bilder aus verschiedenen Klöstern, Informationen über den *Buddhismus*, das alles sahen wir nun mit ganz anderen Augen.

Su Yun berichtet über die Wirren der Kulturrevolution, über das Verhältnis von Staat und Religion, über Veränderungen, die die moderne Zeit mit sich bringt, über seinen unerschütterlichen Glauben: „Und wenn mir die Knochen gebrochen würden, ich würde meinen Glauben nicht aufgeben."

Die Journalistin hatte einen ziemlich kritischen Beitrag geliefert. Sie beklagt, daß in Shaolin weltliche Interessen vorherrschten, daß viele Mönche und Schüler nur dort seien, um eine Chance zu haben, Schauspieler in *Kungfu-Filmen* zu werden oder um selbst als *Kungfu-Lehrer* in einer eigenen

Schule Geld verdienen zu können. Sie hatte immer wieder herausgestellt, daß in Shaolin die Nähe zum *Zen-Buddhismus* keine große Rolle mehr spiele und daß die Religion im Kloster Shaolin nicht mehr lebendig sei.

Ich fand es erstaunlich, daß wir damals trotzdem von dem Film so fasziniert waren, daß wir eigentlich nur das Positive wahrnahmen und daß David dann, angeregt durch diesen Beitrag, unbedingt selbst nach Shaolin wollte.

„Das ist mir gar nicht so aufgefallen", wird David nach seiner Rückkehr nach Deutschland sagen und meint die negative Bewertung von Shaolin; „als ich den Film gesehen habe, habe ich hauptsächlich den Kampfsport gesehen, ich wollte so einen tollen Meister haben, und für die Religion habe ich mich auch interessiert."

Nachrichten von David.
  Telefongespräch am 7. September: „Ja, Mama, es ist schön hier, und ich will bleiben. Alles ist in Ordnung."

Begegnung mit dem Buddhismus

David hat inzwischen von den Mönchen vieles gehört und gelernt. Er wird später fragen: „Mama, weißt du eigentlich, daß der Mann, der dann *Buddha* genannt wurde, ein ziemlich reicher Prinz war? In echt. Also, dem ging es zuerst sehr gut, ich meine auch mit dem Geld, und der kannte überhaupt kein Leid, keine Krankheit, nicht mal alte Menschen. Das haben die alles von dem ferngehalten.
Der lebte fröhlich in seinem Palast und hatte ein tolles Leben, der *Prinz Siddharta Gautama*. Find ich aber nicht gut. Auch blöd von dem Vater, der war ein König, der König von *Shakya*. Der konnte sich doch denken, daß man das alles nicht immer vor dem Sohn verstecken kann ... Und weißt du, wie der Prinz erst gemerkt hat, daß da nicht alles stimmte in seiner fröhlichen Umgebung?

Also, das war so: Eines Tages, so vor ungefähr 2500 Jahren, ist *Siddharta Gautama* einmal allein mit seinem Pferdewagen und einem Wagenlenker ausgefahren. Da hat er dann einen ganz alten Mann gesehen. Stell dir vor, bis dahin kannte er einfach keine alten Leute, niemand mit Falten im Gesicht.

Da hat er erst mal einen großen Schreck bekommen, bis er dann gemerkt hat: Ich werde ja selber mal alt. Bei weiteren Ausfahrten hat er einen Kranken, einen Toten und einen Mönch gesehen.

Er war schon neunundzwanzig Jahre alt und hatte bloß in Luxus gelebt und gedacht, allen anderen geht es genauso. Ja, und da hat er gestaunt, als er sah, welches Leid es gibt.

Aber ich glaube, er war auch sauer, weil sein Vater ihm was vorgemacht hatte, und er wollte jetzt so leben wie der Mönch, den er gesehen hatte. Aber er war verheiratet, und er liebte seine Frau, und seine Frau hatte gerade ein Baby bekommen.

Trotzdem ist er noch in derselben Nacht weggeritten. Hätte ich nich' gemacht. Später ist er dann zu Fuß weitergegangen. Ja, und dann hat er viele Jahre als Mönch gelebt, immer draußen geschlafen und ganz wenig gegessen."

23. August, Auszug aus einer Karte, angekommen am 14. September:

„Nr 1. Liebe Mama, bis jetzt ist es hier sehr schön, und ich habe noch kein Heimweh. Ich hoffe, daß es Euch auch sooo gut wie mir geht. Leider muß ich gleich weiter trainieren, und ich wollte noch anderen schreiben. David."

Alltagsleben im Kloster

„Papa, weißt du, wie die Mönche in Shaolin leben? Also, die haben eigentlich ein ganz normales Leben. Nicht so heilig. Oder ja, manche schon. Die beten immer und sind bei jeder Andacht im Tempel. Aber manche, die stehen morgens ganz normal auf. Erst mal fängt der Tag mit Training an. Morgens um halb fünf. Jeden Tag.

Dann waschen sie sich, ziehen sich an, frühstücken, immer mit warmer Suppe, nicht so wie wir, Chinesen essen immer warm, dreimal am Tag, sitzen ein bißchen in der Sonne. Oder sie waschen ihr Geschirr ab. Na klar, dann meditieren sie, aber einfach so auf dem Bett in ihrer Zelle. Danach waschen sie Wäsche. Und dann unterhalten sie sich mit den Kollegen.

Die jüngeren arbeiten auch, manche machen ihren Job, einige schlagen immer die Trommel, wenn die Besucher sich im Tempel verbeugen, die sitzen da den halben Tag, das ist ganz schön schwer, dann wechseln sie sich ab; andere öffnen den Laden, der zum Kloster gehört, wenn die Touristen kommen, da verkaufen sie viele Sachen, *Buddhas* und so, und mit dem Gewinn bezahlen sie dann wieder die Handwerker, die einen neuen Turm bauen oder das Dach reparieren.

Da brauchen sie richtige Künstler dafür, auch die, die in den Hallen die Wandmalereien erneuern.

Manchmal wandern die Mönche auch durch das Tal, oder sie gehen auf den Berg zur *Damohöhle*, ganz allein. Dann ist schon wieder Zeit für das Mittagessen, wenn sie zurückkommen. Und so geht das jeden Tag. Nur manchmal, da haben sie besondere Feiern im Kloster. Sonst merkt man nicht immer, daß sie Mönche sind. Aber einige von den alten Mönchen, die wissen ganz viel über das Kloster, über den *Buddhismus* und so.

Manche wissen auch, wie man Krankheiten heilt. Das steht auch alles auf den Schriftrollen und in den alten Büchern. Das wußten die früher auch schon. Leider ist der Raum, wo die *Sutren* sind, das sind die buddhistischen Schriftrollen, also die Abschriften von den Indern; dieser Raum ist immer geschlossen. Aber da haben die Mönche auch noch andere wichtige Sachen aufgeschrieben über *Qigong* und *Taiji* und *Wushu* und so. Manche studieren auch diese alten Sachen wieder.

Ja, und dann gibt es auch schon Abendessen und die, die fit sind, die trainieren auch ganz spät nochmal, manchmal um zehn Uhr am Abend. Manche interessieren sich auch sehr dafür, daß das Kloster viel Geld verdient, aber manche sagen, das ist doch ganz egal, Hauptsache, wir können den Menschen zeigen, wie wichtig der *Buddhismus* ist. Aber so sind nicht alle, Papa."

Monate später wird unsere älteste Tochter sagen: „Ich bin ziemlich enttäuscht, ich habe mir in meiner Blauäugigkeit das Kloster und die Mönche ganz anders vorgestellt. Einige der alten Mönche strahlen auch sehr viel Würde aus, so wie der ehemalige Abt, der leider jetzt im Rollstuhl sitzt; aber wenn man in seine Augen schaut, sieht man, daß er sehr traurig darüber ist, wie hier durch den Tourismus und das Konsumdenken Philosophie und Religion aus den Fugen geraten. Dennoch glaube ich, daß der Platz selbst ein Ort der Kraft und voller Energie ist ..."

David sieht sehr bewußt beide Seiten von Shaolin. Aber es stört ihn nicht. Er nimmt sich das, was er braucht.

„Du, Papa, ich wollte dir doch weitererzählen vom *Buddhismus*. Also, der Buddha hatte viele Jahre im Wald gelebt. Aber er hat so nicht die Wahrheit und nicht die Erleuchtung gefunden. Er sagte immer, er wollte das höchste Heil erlangen, aber nur mit Askese klappte das nicht. Da hat er dann eingesehen, wenn du zuviel hast und im Luxus lebst, das ist nicht richtig, aber wenn du gar nichts hast und nur im Wald lebst, das hilft dir auch nicht.

Er hatte so ein paar Leute bei sich, die waren auch Asketen und bewunderten ihn. Als er jetzt plötzlich aufhörte mit diesem Leben, da haben die gedacht, jetzt ist er verrückt geworden, der ist ja gar nicht mehr der tolle Asket, den wir so bewundert haben.

Da war es dann aus mit der Freundschaft. Jetzt war er wieder allein. Da hat er sich mit *Meditation* beschäftigt. Und konnte das bald schon sehr gut. Er hat da vier Stufen gefunden, Stufen der Versenkung, und am Ende wurde er erleuchtet. Da wußte er dann alles über die Wiedergeburt, die heißt auch Reinkarnation und über das Nirvana, das Nichts oder die Leere. Er hat gesagt, wer erlöst ist, der wird nicht wiedergeboren. Wer gute Taten begeht, der hat später eine bessere Existenz, und wer schlechte Taten begeht, der kommt bei der Wiedergeburt in eine schlechte Daseinsform.

Ob das alles stimmt, das kann ich nicht sagen, aber ich finde das ganz spannend. Und irgendwie kann ich mir das vorstellen. Ich bewundere ihn schon, wie er dann noch viele Jahre umhergewandert ist und allen Menschen erzählt hat, wie er die Wahrheit gefunden hat und was sie so in ihrem Leben machen können, um erleuchtet zu werden.

Also, ich finde, so ähnlich hat das der Jesus auch gemacht. Bloß nicht so lange, weil sie ihn dann getötet haben. Und der hat gesagt, wenn es auch auf der Erde ganz schlimm ist, dann hast du es eben im Jenseits besser.

Also, der *Buddha* war bestimmt auch ein guter Lehrer. Und dann war er auch ein Meister der *Meditation*."

Immer wieder haben die Mönche David zu sich eingeladen, zum Plaudern, zum Essen, um miteinander Spaß zu haben. Heute ist er gerade wieder zum Abendessen da. Es ist sechs Uhr. In China wird recht früh zu Abend gegessen. Der lange Tisch ist bereits gedeckt. Heute gibt es ein besonderes Essen, normalerweise essen die Mönche sehr einfach. Zehn Mönche sind da und David; mindestens zwölf verschiedene Gerichte stehen auf dem Tisch. Die Atmosphäre ist ganz locker, sie scherzen, nehmen zwischendurch immer wieder mit den Eßstäbchen von den verschiedenen Tellern. Hier in Zentralchina, bereits an der Grenze zum Norden, da werden mehr Mehlspeisen und Nudeln gegessen, in Südchina essen die Menschen mehr Reis.

Es ist ein schönes Bild, wie die Mönche in ihren gelben Gewändern dort sitzen, die Abendsonne scheint herein, alle sprechen durcheinander, lachen und essen ziemlich lange.

Chinesen haben bei den Mahlzeiten keine Eile. Sie wissen, daß es viel gesünder ist, sehr langsam zu essen. Nach dem Essen gibt es eine riesige Schüssel Suppe zum Abschluß und nicht, wie bei uns, zu Beginn der Mahlzeit. Eine kleine Gruppe geht noch spazieren. David ist mit dabei. Als ich ihn später frage, wie oft er die Abende so verbracht hat, da wird er antworten: „Ach, Mama. Das war ganz unterschiedlich. Manchmal war ich einen Monat fast allein, und dann war ich in einer Woche vier-, fünfmal bei meinen Freunden eingeladen. Es gab immer was zu tun in Shaolin."

Aus einer Karte vom 26. August, angekommen am 14. September:
„Nr. 2. Liebe Mama, leider geht es mir im Moment gar nicht gut ... Am besten, Ihr holt mich sofort ab – oder Ihr schreibt mir mal. Euer David
P.S. Kannst Du mir noch Vitamintrunk schicken?"

Der alte Mönch erzählt: „Hallo, David, wie geht es dir? Du siehst ganz müde aus. Hast du wieder so viel trainiert? Komm, setz dich zu mir. Ich will dir heute vom *Shaolin-Kungfu* berichten. Du weißt ja schon, daß *Damo*, als er stundenlang meditierte, dann wieder seine Schüler unterrichtete, zwischendurch aufstand und Übungen machte.

Zunächst für sich, dann aber auch mit den Schülern, weil sie ganz steif waren vom langen Sitzen. Er imitierte Vögel im Flug, springende Tiere, und erfand so nach und nach die achtzehn Grundformen des *Kungfu*.

Aus diesen achtzehn Grundformen sind dann im Laufe der Zeit die *Kungfu-Formen* entstanden, die wir hier heute lernen und lehren.

Ein guter *Kungfu-Kämpfer* lernt in vielen Jahren zu kämpfen wie ein Tiger, wie ein Affe, wie ein Adler oder auch wie ein Betrunkener. Man kann dabei entweder mit Muskelkraft kämpfen, oder indem man sein *Qi* nutzt, seine Lebensenergie. Den Begriff kennst du ja schon vom *tai qi*.

Warst du schon hier in der Nähe beim *Qi-Felsen*? Aha, du kennst ihn schon. Wir glauben, daß dorther die Lebensenergie der Menschen kommt. Und, was ganz wichtig ist, David, ein guter *Shaolin-Kämpfer* greift nicht an. Er nutzt seine Fähigkeiten nur, um sich zu verteidigen.

Nach Jahren des Trainings wirst du dann ganz in dir ruhen, du wirst deine Mitte entdecken, verstehen, was die höchste Harmonie ist, die Einheit allen Seins ... Und denk immer daran: Ruhe und Bewegung müssen ausgeglichen sein. Das heißt, neben den aktiven Übungen muß es auch genug Zeit geben für die Ruhe in der Meditation."

Telefongespräch vom 11. September

Mama, ich trainiere ganz viel, der Geburtstag war schön, ich hab auch euer Geschenk bekommen, danke, und Direktor Chen sagt, ich mache alles ganz gut, und ich kann mich mit den Leuten auf der Straße schon auf Chinesisch unterhalten. Wo ich meine Wäsche wasche? Im Fluß.

Täglich sieben Stunden Körpertraining

„In der *Wushu*-Schule sind wir um fünf Uhr geweckt worden. Da kam immer solche Erkennungsmusik durch Lautsprecher, jeder neue Schüler kannte bald seine Melodie. Jede Schule hatte eine andere. Dann sind wir erst mal zum Platz gelaufen, jeder mußte zu seiner Gruppe. Alle waren hundemüde. Alle Gruppen haben dann Jogging gemacht. Cirka zwanzig Minuten.

Wir sind bis zum *Ta Lin* gelaufen, zum Friedhof. Da liegen die höchsten und wichtigsten Äbte und Mönche von *Shaolin*. *Ta Lin* liegt am Ende der Dorfstraße. Nach dem Joggen waren alle ziemlich wach. Dann ging es zurück zur Schule. Danach haben wir Dehnübungen gemacht.

Wenn es nach dem Training endlich Frühstück gab, waren alle zufrieden. Wir hatten nämlich einen Bärenhunger. Es gab *Youtiao*, also das ist frittierter Teig. Man schüttet Fett oder Öl in einen *Wok*, dann wird der schon zubereitete Teig mit der Hand vorsichtig in das brutzelnde Fett gelegt.

Nach ein paar Minuten, wenn der frittierte Teig goldgelb ist, kann man ihn rausnehmen. mit zwei Stäbchen. Die *Youtiao* legt man auf einen Teller. Dazu ißt man *Xifan*, eine Reissuppe bzw. eine Maissuppe. Die ist aber nicht fettig. Eher so wie Milchreis.

Danach war richtig hartes Körpertraining. Am Anfang ist mir das sehr schwergefallen. Später ging es immer leichter. Wir haben manchmal zu zweit trainiert, manchmal mußte man die Übungen auch allein machen. Im Sommer war es natürlich sehr heiß, im Winter war es angenehm, manchmal haben wir aber auch trotz aller Übungen gefroren. Wenn es minus acht bis zehn Grad kalt war.

Nachmittags haben wir auch unsere Formen geübt; das Training am Abend war freiwillig. Jeden Tag wurde trainiert, nur montags war frei. Unser Ruhetag. Aber wenn viele Touristen kamen, dann wurde trotzdem trainiert. Ich glaube, wegen dem Image!"

Aus der Karte vom 7.9., angekommen am 19. Oktober
„...und dann hat einer den Film mit den Bildern von meiner Geburtstagsfeier kapputtgemacht, und das ist doch etwas Einmaliges. Dann habe ich ganz doll geweint. Dein David"

Telefongespräch vom 24. Oktober
Mama, ich habe täglich die Mönche besucht, die trainieren viel härter, und ich möchte wirklich als kleiner Mönch ins Kloster, in der *Wushu-Schule* kann ich nicht mehr so viel lernen, sieh mal, ich hab doch nicht viel Zeit, ich bin schon sechs Wochen hier – und in 11 Monaten holt Ihr mich schon wieder ab.

Zu Besuch bei David

Im Dezember, David ist nun vier Monate in Shaolin, habe ich beruflich in China zu tun. In der Nachbarprovinz.

Ich werde meinen Sohn am Ende der Dienstreise für vier Tage besuchen. Zwölf Stunden Bahnfahrt. Danach mit dem klapprigen Linienbus ins Songshan-Gebirge. Im Sommer zwei, im Winter vier Stunden, weil in Regen und Schnee die Straßen in der Lößlandschaft verschwunden sind. Der Bus fährt über die Dörfer, ein PKW braucht ca. zwei Stunden. Für 100 km.

Ich habe Angst davor, daß es für David nach meinem Besuch noch schwieriger sein könnte.

Am Telefon hat er mich durchschaut: „Du, Mama, du kannst ruhig kommen. Mach dir keine Sorgen! Ich bekomme kein Heimweh ..."

Es ist zehn Grad minus, an den Hängen liegt Schnee; wenn tagsüber die Sonne scheint, wird es wärmer, es regnet, die Landschaft zerfließt. In Shaolin ist es kalt, zehn Grad minus, drinnen wie draußen. Es gibt keine Heizmöglichkeit in der *Wushu*-Schule.

Man zieht sich warm an, bevor man ins Bett geht. In der Nacht kuscheln David und ich uns eng aneinander (in dem Bett mit den schönen bunten wattierten chinesischen Decken, mit bestimmten Mustern bestickt gegen böse Geister), obwohl es zwei Betten gibt. So ist es wärmer.

Unter dem Bett stehen Davids Taschen mit seinem Gepäck und mit seinen Schätzen, die er später mit nach Deutschland nehmen möchte.

Die Kleidung wird er in Shaolin lassen, bei seinen Freunden („Mama, die haben doch hier so wenig!"). Unter der Tür her fegt der Wind ins Zimmer, der nackte Steinboden schimmert feucht, über der Tür gibt es noch ein Oberlicht, das Glas fehlt, es ist nur durch eine Plastikplane ersetzt, der Wind hebt sie an und dringt in das Zimmer ein.

Der alte Mönch sagt: „Ah! Da kommt ja Davids Mutter! Ich freue mich, daß du David besuchen kannst. Kommt, setzt euch mit mir auf die Bank dort! Es ist Zeit, euch auch von *Qigong* zu erzählen. *Qigong* ist ein Name für viele Richtungen. Es ist einmal eine Heilkunst. Das *Qi*, die Lebensenergie, soll sich frei im Körper bewegen können.

Sie soll aber auch mit dem kosmischen *Qi*, also der Energie aus dem All, ausgetauscht werden. Wenn das *Qi* frei zirkulieren kann und nicht gestört wird, dann ist der Mensch gesund.

Und umgekehrt: Wenn der Mensch krank ist, kann man sicher sein, daß es Störungen des *Qi* gibt. Diese Störungen muß man dann beseitigen. Zum *Qigong* gehören Atemübungen und Bewegungsübungen, die man auch allein machen kann. Wir glauben, daß man bei manchen Krankheiten so ganz ohne ärzliche Hilfe gesund werden kann. Mit viel Geduld und Übungen kann man ein langes Leben erreichen, ganz gesund bleiben oder werden, aber – das glaubten die frühen *Daoisten*, man kann auch sein Bewußtsein verändern."

Karte vom 10. Oktober, Auszug
„Nr. 3. Das, was Ihr mir schicken sollt, ganz, ganz wichtig! 5x Vitamintrunk, wenn es geht, noch mehr und 600 Yuan (ca. DM 120,-), dafür müßt Ihr mir nichts mehr danach schicken. Ohrentropfen und noch andere Medikamente. Und wenn das geht, noch einen neuen Kassettenrekorder, der Walkman verbraucht zuviel Batterien, und den Kopfhörer haben sie mir jetzt ganz kapputt gemacht. Viele Grüße, Dein David"

Im ganzen Dorf Kredit

„Oh, deine Mutter ist gekommen!" sagen die Händlerinnen, als ich mit David durch das Dorf spaziere. Damit geben sie zu erkennen, daß sie bestens informiert sind, alle wissen, daß die kleine Langnase Besuch aus Deutschland hat.

Alle Stände haben das gleiche Angebot, gekochte Eier in

gesalzenem Wasser, Würstchen, Gebäck, Zigaretten, Schirme, kleine Mondkuchen, die ich so gerne esse.

„Komm, Mama", sagt David, „ich muß Schulden bezahlen. Weißt du, in der letzten Zeit hatte ich kein Geld mehr, da hab ich hier bei den Frauen etwas gekauft, kannst du mir Geld geben, damit ich das heute bezahlen kann? Die Händler haben gesagt, ich kann immer anschreiben lassen."

Scherze fliegen hin und her, als wir an die drei Stände gehen, wo David in der Kreide steht. „Nein", sagt Frau Yang, „kleines Ausländerchen, das ist zuviel, Moment", sie will nachschauen, sie hat Davids Einkäufe notiert. Sie greift zum *Abakus* und rechnet zusammen.

„Hier, sieh mal", sagt sie zu mir und zeigt auf den kleinen Schreibblock, „das waren 80 Fen (Pfennige), dann 3,60 Yuan, einmal hat er hier gefrühstückt für 1,25 Yuan, und dann noch das Obst für 2,50. Macht also 8,15 Yuan." Als David ihr zehn Yuan (ca. DM 2,-) geben will, protestiert sie laut: „Das ist viel zuviel. Hier ist dein Restgeld. Nimm!"

Bald sind alle Schulden bezahlt. Mit umgerechnet DM 5,-. Wir gehen hinüber zu den kleinen Straßenrestaurants, ein paar Stangen, mit Plastikplanen abgedeckt, kleine Tische und Schemel. Dazu noch ein Ofen aus ein paar Backsteinen. Fertig ist das Restaurant.

„Hier frühstücke ich am allerliebsten", erzählt David, warme Suppen gibt es hier, ein bißchen süß, so wie eine Sagosuppe, dazu heißes Teiggebäck, das nimmst du mit den Stäbchen und tauchst es in eine Sauce. „Probier doch mal", sagt der Wirt zu mir, das erste bekomme ich kostenlos.

Wir bekommen einen guten Platz in der Nähe des Ofens in einer windgeschützten Ecke. Trotzdem zieht es durch alle Ritzen, die Kälte setzt sich fest im Körper, man wird gefühllos, die Glieder schmerzen, verhärten sich, aber dann kommen die warmen Herrlichkeiten. David und ich schlemmen. Für umgerechnet DM 1,80.

Langsam kehren Wärme und Leben in unsere kalten Körper zurück. Am Nebentisch sitzen acht junge Männer, die sich immer wieder neue Köstlichkeiten aus dem *Wok* bestellen und sie gleich verschlingen. Sie sind noch immer hungrig. Es sind Bauarbeiter, sie arbeiten am neuen Glockenturm des Klosters.

Das Restaurant füllt sich, als man uns hier sieht. Die, die keinen Platz finden oder nicht hereinkommen wollen, bleiben draußen stehen und starren uns an. Schnell sind es ungefähr fünfzehn, achtzehn Personen. Der Wirt bringt Tee, das Geschirr ist frisch gespült, ganz naß noch, abgetrocknet wird hier nicht, er schüttelt die Teetassen ein wenig aus, dann gießt er den Tee ein.

Ich habe in meinem Leben noch nie so gut gefrühstückt. Erst, als mir richtig warm ist, kann ich mich an der Unterhaltung beteiligen. Den Dialekt verstehe ich nur mühsam. Für David kein Problem. Er dolmetscht. Sein Alltags-Chinesisch ist inzwischen „nicht schlecht", wie die Mönche sagen. Damit meinen sie, daß er in der kurzen Zeit gute Lernerfolge erzielt hat. Bald sind alle an der Unterhaltung beteiligt.

„Kommt ihr morgen wieder?" fragt die Wirtin und rechnet sich bestimmt schon aus, wieviel zusätzlichen Umsatz wir bringen, wenn die anderen Gäste uns ‚besichtigen'. Das kleine Straßenrestaurant ist inzwischen voll bis auf den letzten Platz. „Ausländer anschauen" ist ein besonderes Vergnügen für Chinesen. Aber David will sich nicht festlegen: „Mal sehen, macht es gut." Er muß seine Gunst verteilen. Da warten noch andere Händler und Wirtsleute auf ihn.

Von Tiger, Schlange und Phönix

Bei einem anderen Besuch, im Sommer. Am Abend wird, wie fast jede Woche, ein Film mit klassischer Kampfkunst im Fernsehen gezeigt. Drei, vier Gasthäuser im Dorf in den Bergen haben einen Fernsehapparat, der steht dann der Einfachheit halber draußen, die Zuschauer kommen vorbei, gehen in die Hocke, wenn sie sich intensiver einen Teil des Films anschauen wollen und kommentieren lauthals jede Szene.

Aber heute gibt es ein besonderes Ereignis. Neben dem Kloster ist an manchen Tagen eine große Leinwand angebracht. Hier können Kinofilme gezeigt werden. Heute gibt es Konkurrenz für das Fernsehen. Ein Fernsehsender zeigt Kungfu, eine chinesische Serie, aber es gibt gleichzeitig einen Kinofilm. Ich schlendere mit David durch das Dorf. Wir haben uns für den Kinofilm entschieden. Es ist dunkel. Es ist spät. Immer noch heiß. Gleich wird die Vorstellung beginnen.

Es ist ein Film, in dem das Kloster Shaolin auch eine Rolle spielt. Die Dorfbewohner, die Händler, ein paar Besucher und viele Shaolin-Schüler kommen, um sich die glorreiche Vergangenheit des Klosters auf der Leinwand anzuschauen. Die Gäste kaufen noch schnell etwas zu essen in den umliegenden kleinen Restaurants, dazu ein paar Dosen chinesischer Limonade, die ist billiger als Cola, einige Männer kaufen chinesisches Bier, das schmeckt vorzüglich, dann kann es losgehen.

Eine alte Frau bietet mir sofort einen kleinen Schemel an. Ich kann nicht ablehnen. Und dann beginnt der Film. Die Zuschauer sind so laut, daß man kaum etwas verstehen kann. Aber auf den Ton scheint es auch nicht anzukommen. Alle unterhalten sich prächtig, machen sich gegenseitig aufmerksam auf besonders gelungene Kampfformen oder Sprünge, lachen laut, wenn die ‚Bösen' fix und fertig am Boden liegen und essen dazu ihre chinesischen *Jiaozi*, gefüllte und gekochte oder gedämpfte Teigtaschen. Das Rezept soll Marco Polo mit nach Italien gebracht haben, wo dann Ravioli daraus wurden.

Als es mittendrin anfängt zu regnen, öffnen ein paar Leute ihren Regenschirm. Ich bekomme sofort einen Schirm gereicht: „Da, nimm! Du wirst ja ganz naß!" Der Regen ist warm. Die anderen wischen ab und zu die Nässe von Haaren und Kleidung. Ernsthaft stört der Regen niemanden. Es geht fröhlich weiter. Und ziemlich laut.

So war das schon immer in China, im Kino oder im Theater und sogar in der berühmten *Peking-Oper*: Ein lebendiges Miteinander, da wird erzählt, aber auch gestritten und viel gegessen und getrunken.

Später erklärt mir David, sein Chinesisch ist inzwischen viel besser als meines, daß es bei den Formen um verschiedene Tiere ging. Der Tiger, der Phoenix und die Schlange sind Formen, die viel Disziplin und hartes Training erfordern. David ist begeistert. Toll hätten das die Kämpfer im Film gemacht, findet er. Aber seine Meister in Shaolin, die könnten das noch viel besser.

Viele Schauspieler seien nicht unbedingt perfekte *Kungfu-Kämpfer*, man drehe ja immer nur kurze Stücke des Kampfes, aber die *Shaolin-Kämpfer*, die könnten natürlich die Formen komplett. Und, so weiß er zu erzählen, das Kloster Shaolin habe schon in so vielen Serien und Filmen mitgewirkt. Da seien die Kämpfer aber nur Statisten. Als Nebenerwerbsquelle ist dies für *Shaolin* sehr wichtig.

Ich bin nicht ganz sicher, ob das den *Bodhidarma* freuen würde, wenn er heute in das berühmte Kloster käme ...

Am nächsten Tag ist es außergewöhnlich lebhaft und laut in Shaolin; viele kleine *Kungfu-Schüler* stellen im Dorf die Szenen aus dem Film nach, mit beträchtlichem Talent und großer Ausdauer. Sie tragen stolz ihre kleinen Schwerter vor sich her; man sieht ihnen an, daß sie sich mit ihren Helden völlig identifizieren.

Das sind meine Freunde

Wir sind unterwegs zur Höhle des *Damo*. Dort soll der indische Mönch, der den *Zen-Buddhismus* (chinesisch: *Chan-Buddhismus*) nach China brachte, neun Jahre lang meditiert haben. In dieser Zeit hat er die *Kungfu-Formen* entwickelt, den Tieren in der Natur abgeschaut, die Formen verfeinert und dann an seine Schüler weitergegeben.

Mein Sohn findet, daß der indische Mönch aus dem 6. Jahrhundert das sehr gut gemacht hat. „Wär ja auch sonst nicht auszuhalten. Immer nur sitzen und meditieren... Ja, Mama, das weiß ich schon alles; der alte Mönch hat mir davon erzählt."

Unterwegs kommen uns Ziegen entgegen, David fotografiert sie ausdauernd, wir biegen um eine Wegkrümmung und sehen ein kleines windschiefes Häuschen, gedeckt mit Wellblech, verrottet und undicht, zwei Räume, einer ist der Wohnraum, der andere Verkaufs- und Lagerraum.

Ein altes Ehepaar bietet hier den Wanderern Getränke und Kleinigkeiten zum Essen an, sie leben allein, ihre Kinder sind erwachsen und wohnen zehn Bahnstunden entfernt.

David wird herzlich begrüßt. „Das sind meine Freunde", sagt er. Wir kaufen einige Dinge, wollen noch ein Foto machen und dann weitergehen. „Ihr müßt noch ein wenig ausruhen", sagt der alte Mann, die Verletzungen unter seinem Verband, die habe er sich bei einem Unfall zugezogen, die Frau will sich nicht fotografieren lassen, aha, denke ich, genau wie die alte Frau in Shaoxing, vor vielen Jahren, die Angst hatte, ihre Seele gehe verloren, wenn sie fotografiert wird. „Nein", sagt der Mann, „meine Frau hat keine Angst. Sie ist nur sehr scheu."

Später, als sie Vertrauen gefaßt hat, kommt sie selbst und sagt: „Also gut. Dann mach ein Foto!" Kurz bevor wir weiterziehen, der Mann will mir einen Wanderstab mitgeben, ich lehne ab, ach, hätte ich doch bloß auf ihn gehört, denn die Steintreppe, die nach oben führt, ist so steil; da sagt der Mann zu David: „Komm, du bist mein Freund. Ich will dir die Wahrheit sagen. Ich bin überfallen worden. Daher habe ich die Verletzung."

Auf dem Berg bei Damo

Von unten im Dorf kann man mit dem Fernrohr hinaufsehen, dorthin, wo die kleine *Pagode* steht, dorthin, wo die Mönche im nächsten Jahr eine überlebensgroße Figur des *Damo* aus weißem Marmor aufstellen werden. Sie wird von unten mit bloßem Auge zu erkennen sein. Das Modell entsteht gerade im Klosterbezirk, hinten in den Gärten der Mönche, neben dem schattigen Bambushain.

Ich habe das Gefühl, daß wir viele Stunden unterwegs sind. Das Treppensteigen nimmt mir den Atem. Jede Stufe, die vor Jahrhunderten in den Fels geschlagen wurde, hat eine andere Höhe. David schafft diesen Weg ganz locker, er joggt einfach hoch.

Wir haben uns sehr warm angezogen und von den Chinesen gelernt. Es ist viel besser, mehrere Schichten dünner Kleidung übereinander zu tragen als dicke Sachen.

So sind wir von Kopf bis Fuß vermummt. Ich wundere mich sehr, als wir nach kurzer Zeit ins Schwitzen geraten, nicht nur wegen der Anstrengung, sondern weil uns die Sonne so heiß ins Gesicht scheint. Lage um Lage müssen wir wieder ablegen und dafür tragen.

Unterwegs hat David immer wieder kurze Pausen gemacht, in denen er *Meditationsübungen* machte oder seine Formen trainierte. Dabei setzte er sich mitunter auch in Höhlen, in denen früher Buddhafiguren standen. Er amüsiert sich dabei königlich. Dann wieder ist er ganz ernst und entrückt.

„Sieh mal, ich fliege jetzt." Mir bleibt schier das Herz stehen. Er steht auf einer kleinen Mauer der *Pagode*, auf der anderen Seite springt er hinunter, er schwebt tatsächlich, nein, er fliegt, mir wird kalt bis in die Zehenspitzen.

Aber – hier geht es nicht steil nach unten, wie ich befürchtete. Mein Sohn macht sich einen Scherz mit mir. David landet auf dem Boden, federt nach – und lacht unbeschwert und glücklich.

Von hier sieht man das weite Tal, den Stausee und die Hügel, die einer Mondlandschaft ähneln. Als der Stausee gebaut wurde, wurden die umliegenden Häuser elektrifiziert, aber andere Dörfer wurden dafür überflutet. Die Menschen mußten umgesiedelt werden. Bei den harten Bedingungen hier oben bleibt ihnen kaum Zeit, darüber zu klagen. Und schließlich freuen sich alle über den Strom. Solche Schicksalsschläge werden in China ergeben hingenommen.

Wir sind fröhlich, scherzen miteinander, ich wundere mich über meinen Sohn; es geht ihm gut, bei jedem Wetter, in

Deutschland hätte er schon mehrmals eine Bronchitis oder einen Asthmaanfall gehabt, wie sonst auch, mindestens zwei-, dreimal pro Jahr. Der Arzt wird mir später erklären, daß es in China ganz andere Allergene gibt.

Aber ich bin sicher, daß es David nicht nur besser geht, weil es in Shaolin andere allergieerregende Stoffe in der Luft gibt. Er ruht in sich, ist viel ausgeglichener. David ist ganz ausgelassen; dann müssen wir uns wieder die Landschaft ansehen, die Farben nehmen uns gefangen, der Himmel ist strahlendblau, die Sonne scheint, die Hügel glänzen grau und schwarz, wie poliert. Unten liegt in tiefstem Frieden das Kloster. Wir gehen hinein in die Höhle des *Damo*, des indischen Mönchs, der das *Kungfu* entwickelte.

Im Jahr 495 kam *Bodhidarma*, Chinesisch *Damo*, der wichtige Mönch aus Indien, nach China. Er gründete die ersten *Zen-Klöster*. Die Chinesen sagen Chan-Klöster dazu. Als dann die dreizehn *Shaolin-Mönche* in der *Tang-Dynastie* den Kaiser Li Shimin unterstützten, wurde Shaolin ‚das berühmteste Kloster unter dem Himmel'.

Gedicht von David, aus einem Brief an Helmut, nach einer Augenverletzung:

In *Shaolin Si* gefällt es mir sehr,
doch meinem Auge fällt es sehr schwer,
weil es im Blut fast ersoffen,
mußte es jetzt drei Tage lang hoffen,
daß es ihm bald wieder gut gehen wird ...

Das Shaolin-Kungfu

Alle Informationen über das chinesische *Kungfu* waren über Generationen von Mönchen nur innerhalb der Klostermauern weitergegeben worden. Erst nach den Ereignissen um den Prinzen der *Tang-Dynastie*, dem die dreizehn *Shaolin-Mönche* halfen, die Gegner des Reiches zu besiegen und die Herrschaft zu festigen, erfuhr die Welt vom *Kungfu* aus der Provinz Henan. Einige Generationen später, zu Beginn der *Qing-Dynastie*, gab es bereits zehn verschiedene Shaolin-Tempel in China; hier nahmen die verschiedenen Shaolin-Schulen ihren Anfang.

All diese Schulen und Stile entwickelten sich weiter, wurden ausgebaut. Heute gibt es zum Beispiel das Emei-Shaolin, das Guangdong Shaolin, das Fujian-Shaolin, das Shandong Shaolin etc. In ganz China gibt es Shaolin-Schüler.

Weltweit interessierten sich immer mehr Menschen für diese alte Kampfkunst, kamen nach China, um sie zu studieren und verbreiteten sie. Seit 1991 gibt es das inzwischen weltberühmte *China Zhengzhou Shaolin Wushu Festival*, zu dem jedes Jahr Tausende von Besuchern in die Provinz Henan strömen. Heute gibt es im Songshan-Gebirge, im Tal auf 1200 Metern Höhe 10 000 *Kungfu-Schüler*, darunter auch Mädchen. Die Mädchen trainieren ebenso hart wie die Jungen: von 5.30 Uhr am Morgen bis 20.30 Uhr abends.

Yu Te trainiert täglich, immer härter, für sein Ziel, sich selbst zu vervollkommnen. Er übt wieder und wieder die Formen der Kampfkunst, er meditiert, die Mönche nennen die Kampfkunst auch ‚Meditation in Bewegung‘, sie wollen erkennen, zu sich selbst finden.

David erklärt mir seinen Zugang zur Kampfkunst und zur Meditation: „Weißt du, Mama, man wird ganz ruhig, das ist so wichtig. Der Geist wird beruhigt, und die Meditation im Lotussitz hilft dir dabei.

Aber beim Kungfu ist es ähnlich: Du konzentrierst dich darauf, daß der Geist die Bewegungen begleitet. So wird er nicht mehr abgelenkt. Die Lebensenergie, das *Qi*, kann ohne Störungen durch den Körper fließen, und Yin und Yang sind im Gleichgewicht."

Aus einem Brief vom 18. Oktober.

„Liebe Mama, hier ist es immer noch schön, und ich möchte auch noch bleiben. Meinem Auge geht es auch wieder gut, und Du mußt mich in einem Monat wieder anrufen, weil ich dann hoffentlich schon längst drüben bei den Mönchen bin.

Ich habe mir eine ganz schöne Figur aus Holz gekauft, einen *Buddha*, der hat 42,50 Yuan gekostet (ca. DM 8,50). Hier habe ich noch ein kleines Bild für Dich gemalt, und das Chinesische habe ich auch selbst geschrieben. Dein David"

(Bildunterschrift:) Flugfähiger Drache

Nun sind die Briefe mit chinesischen Vokabeln in Davids eigener und in Pinyin-Umschrift gemischt, etwa so: Liebe Familie, ich hoffe, es geht Euch gut. Leider hat mein *Shifu* (mein Meister, mein buddhistischer Vater) gesagt, schlafen muß ich in der Schule, tagsüber kann ich immer im Kloster sein, weil ich doch ein *Waiguoren* (Außenlandmensch) bin. Die dürfen nicht im Kloster schlafen.

Ich will doch für ein *nian* (Jahr) hier *zhu* (wohnen). Ihr wolltet wissen, wie mein Tag hier abläuft:

Also am Morgen habe ich um sechs Uhr Training. Danach gehe ich frühstücken, meistens esse ich *shifan* mit *jotiao* (Gebäck). Von neun bis elf Uhr dreißig Training. Dann habe ich von zwölf bis zwei Uhr dreißig Pause und von zwei Uhr dreißig bis fünf Uhr dreißig am Nachmittag Training.

Abends nochmal Training von sechs Uhr dreißig bis acht Uhr dreißig. Dann gehe ich schlafen. Grüßt alle Bekannten, bis bald, Euer David

Ich denke oft zurück an meinen Besuch bei meinem Sohn. Langsam entsteht aus Eindrücken bei unserer ersten gemeinsamen Reise in die Provinz Henan, damals, als wir noch nicht wußten, ob David bleiben könnte und wollte, aus meinem folgenden Besuch und aus allem, was wir von David hören, ein differenzierteres Bild von Shaolin.

Als ich in der Kälte des Winters in Shaolin angekommen

war, um David zu besuchen, hatte ich ihn im Kloster gesucht. Er war nicht da. Ein Mönch begleitete mich zur *Wushu*-Schule. Auch hier kein David. Wir finden ihn schließlich bei einer alten Frau, sie hat die kleine Enkelin Wang auf dem Arm, die Tochter und der Schwiegersohn leben weit entfernt und kommen nur zweimal im Jahr hierher, ihr Mann kehrt im Klosterbereich, darum dürfen sie hier wohnen, in einem kleinen baufälligen Haus aus Ziegelsteinen, das aus nur einem Raum besteht.

Ein Jahr später, wenn der neue Trommelturm in Angriff genommen wird, muß das Häuschen wohl weichen.

Alle lachen, als David und ich uns umarmen, körperliche Berührungen sind selten in China, immer noch, besonders in der Öffentlichkeit. „Komm herein, du bist willkommen", sagt sie und nötigt mich, auf dem großen Bett Platz zu nehmen. David kommt oft zu ihr, bringt ihr Gebäck mit und bekommt dafür Wärme und Zuwendung. „Mach dir keine Sorgen", sagt sie, „David ist für mich wie ein Sohn." Die ockerfarbenen unverputzten Wände des Häuschens aus Lehm sind mit religiösen Motiven und Fotos geschmückt, auf einer Kommode ist ein Altar aufgebaut.

Plötzlich sieht die Frau mit dem gütigen Gesicht voller Sorge meine Kleidung genauer an. Sie macht sich an meinem Rock zu schaffen, hebt ihn ein wenig an und sagt: „Du mußt dir unbedingt etwas Wärmeres anziehen, so geht das doch nicht."

Wir wollen Fotos machen, ihr Mann kommt dazu, mit dem Enkel. Er zieht sich draußen in der Kälte, gleich von der Wäscheleine weg, ein frisches Hemd an. „Du kannst dich glücklich schätzen mit deinen vielen Kindern."

Zu Hause in Köln. Ich schlendere an einem freien Samstagvormittag die Hohe Straße entlang, biege dann nach rechts in die Schildergasse ein. Auch der Schaufensterbummel kann mich nicht ablenken. Alles erinnert an David. Ich sehe in einem großen Kaufhaus blaue Sportkleidung ausgestellt. Die

Preise bewegen sich zwischen DM 89.- und 154.- Sofort bin ich in Gedanken in Shaolin.

In Shaolin ist jeden Tag Markt. Die Händler in den kleinen Läden bieten alles feil, was man so braucht. Am Dorfeingang liegen die Geschäfte, die sich hauptsächlich auf die Touristen eingestellt haben. Dort gibt es die vielen Figuren aus der Götter- und Sagenwelt, viele Stände mit Obst und Gemüse, mit Getränken und Jadeschmuck. In der Nähe des Klosters ist dann ein spezieller Gemüsemarkt, am späten Nachmittag.

Da kommen die Kleinbauern mit ihren Angeboten und legen die vielen Gemüse- und Obstsorten, sorgfältig aufgeschichtet, auf den Boden oder auch schon mal auf eine Zeitung. Weiter oben gibt es dann Läden mit Geschirr, mit Toilettenpapier, mit Schwertern und Gymnastikanzügen für die kleinen und großen *Kungfu-Kämpfer*.

Einmal, da wollte David sich unbedingt einen Jogginganzug kaufen, wenn möglich, einen blauen. Ich habe ihn begleitet. Er hatte gesagt: „Mama, du mußt dich aber bitte raushalten. Ich mach das schon."

Er führt sehr selbständig das Kaufgespräch. „Hallo", sagt er freundlich zu dem Händler, „wie geht es dir?" Der Händler lächelt verbindlich: „Gut, ganz gut geht es mir. Und was macht deine Gesundheit?"

„Kein Problem", antwortet die kleine Langnase, „... alles okay, ich hab nur ein bißchen Schmerzen vom vielen Training." – „Tja", weiß der Händler, „das haben hier viele *Kungfu-Schüler*, aber nach einiger Zeit wird es dann leichter. Brauchst du etwas, kleines altes Ausländerchen?" – „Nö, eigentlich nicht", sagt David völlig ohne erkennbares Interesse, „aber ich guck mich mal um. Hier, der blaue Gymnastikanzug, was kostet der denn?"

Der Händler antwortet nicht sofort. Er schaut uns an, taxiert mich und schlägt dann vor: „250,-Yuan." Das ist unverschämt teuer. Umgerechnet DM 50,-, für chinesische Verhältnisse Wucher. David fragt: „Meinst du, der steht mir? Ist der schön?" – „Der ist ganz toll. Einfach super. Sieh doch mal.

Und gute Qualität." David wiegt bedächtig den Kopf und sagt zu mir laut auf Chinesisch: „Ja, Mama, der Anzug ist schön, aber schade, daß er so teuer ist. Komm, wir gehen." Der Händler will David aufhalten, aber der sagt entschieden, wenn auch freundlich: „Nee, nichts zu machen. Soviel bezahle ich nicht." Er geht. Der Händler hinterher.

„Komm zurück, kleines Ausländerchen. Über den Preis können wir noch einmal sprechen. Der Anzug ist zwar nicht teuer, bei der Qualität, aber für dich kann ich ihn vielleicht noch etwas billiger machen." Unbeirrt geht David weiter. Ich halte mich raus. „Na, sagen wir, 180,- Yuan (ca. DM 36,). Extra für dich. Auch, wenn ich gar nichts daran verdiene ..."

David geht weiter. Der Händler will das Geschäft machen. Sie sind inzwischen bestimmt fünfzehn Meter vom Laden entfernt. Ich halte mich im Hintergrund. David verhandelt noch ein bißchen. Aus der Entfernung kann ich nicht alles verstehen. Der Kauf scheint perfekt zu sein. David hat den Anzug, ich sehe, wie er bezahlt, und dann halten die beiden bestimmt noch fünf Minuten lang ein Schwätzchen.

„Mach es gut", sagt David dann. „Bis bald." Der Händler winkt ihm freundlich nach. Er ruft auch mir „Auf Wiedersehen" zu. Ich frage David, wieviel er bezahlt hat. „Sechs Mark, Mama. Das geht hier so. Mehr wollte ich auch nicht ausgeben." Der blaue Gymnastikanzug ist wirklich schön. Und von guter Qualität.

Ich stehe in Köln auf der Schildergasse immer noch vor dem Schaufenster mit der Sportkleidung. Wo ist bloß mein Taschentuch? Ich kann gar nichts sehen. Sicher ist mir etwas ins Auge geflogen.

Treffen in Shandong

Es ist Nachmittag in Shaolin. David kniet draußen an einem Hocker aus hellem Holz, der ihm als Tisch dient. Die untergehende Sonne scheint durch das Grün der Bäume auf seine hellblonden Haare. Er trägt seine Mönchskleidung. Mit der linken Hand hält er ein Blatt Papier fest, in der rechten hält er ganz senkrecht einen Pinsel aus dunklem Katzenhaar. Er ist ganz konzentriert. David schreibt chinesische Zeichen. Lange genug hat es gedauert, bis der Mönch, den er immer wieder gefragt hat, sich bereit erklärte, ihm die schwierige chinesische Schrift näherzubringen.

Schnell findet er sich hinein in die Zeichenschrift, die ursprünglich eine Bilderschrift war. Später sagt er zu mir: „Mama, das kann man an manchen Silben noch sehen, da kannst du richtig verstehen, daß die Chinesen früher ein Bild neben das andere gesetzt haben." Besonders gefallen ihm die klaren Zeichen für Sonne und Mensch, für Mond, Vogel, Pferd oder Baum. „Sieh mal hier, das ist eine Frau. Und wenn ich die Frau unter einem Dach zeichne, dann bedeutet das ‚Zuhause', ‚Ruhe'. Oder hier: Zwei Bäume bedeuten ‚Wald', und drei Bäume heißen ‚Urwald'. Ist doch geil, oder?"

Er schreibt die drei Zeichen für Shaolin, immer und immer wieder. Sie werden der Vorlage langsam ähnlicher. Stundenlang kann er seine Übungen machen, nie verliert er die Geduld. Er ruht ganz in sich.

Nach solcher Konzentration trainiert er besonders gern. Dann muß er sich austoben, mit den chinesischen Freunden scherzen und lachen und auf die Berge laufen.

David ist nun schon über ein halbes Jahr in Shaolin. Ich habe wieder beruflich in China zu tun, in der Provinz Shandong. Aber diesmal reicht die Zeit nicht, um noch einen Abstecher nach Shaolin zu machen.

Wenn ich mit dem Zug fahre, sind es immerhin 12 Stunden Fahrt bis nach Zhengzhou, der Hauptstadt der Provinz, und dann kommt noch die Fahrt über Dengfeng, die Kreisstadt, bis nach Shaolin. Mit dem normalen Bus nochmal ca zwei Stunden. Und später wieder zurück. Es fällt mir zwar sehr schwer, David so nah zu wissen, aber ich muß mich damit abfinden. Ich habe Termine in Deutschland. Ich muß zurück.

Da kenne ich meine chinesischen Freunde aber schlecht. „Was?" sagen sie. „Sie sind in China und können Ihren Sohn nicht sehen? Das geht doch nicht." Zwei Tage später haben sie hinter den Kulissen alles organisiert. Der Tourismusdirektor hat sich persönlich darum gekümmert.

Ich bin beim Vize-Gouverneur der Provinz eingeladen. Er interessiert sich persönlich dafür, ob auch alles geklappt hat. „Was soll denn geklappt haben?" Da erfahre ich es erst. Als letzte. Meine Freunde haben dafür gesorgt, daß ein Mönch mit David nach Jinan kommt, in die Hauptstadt der Provinz Shandong. Zwei Stunden Busfahrt und zwölf Stunden mit dem Zug. Er soll vier Tage bleiben – und ist bei allen offiziellen Anlässen zugelassen. Der Hoteldirektor weiß auch Bescheid. David darf bei mir im Zimmer schlafen, kostenlos.

Der Mönch bekommt einen anderen Raum. Es ist Yan Lo, einer der jüngeren Mönche, wir kennen ihn bereits. David hat sich mit ihm angefreundet. Yan Lo ist der persönliche Assistent des Vize-Abts. Gemeinsam sind wir beim Fernsehsender in Shandong, beim Direktor für Berufliche Bildung, wir essen mit dem Vizeminister für Umweltschutz, David immer mit dabei.

Die Chinesen feiern das *Frühlingsfest*. Eine Woche lang. Bei einem Festessen mit den Spitzen der Provinz bringen alle Trinksprüche aus. Ein hoher Direktor lächelt David an.

Das ist für ihn das Zeichen, daß er wohl auch einen Trinkspruch formulieren soll. David steht auf, nimmt ein Gläschen in die Hand und sagt: „Ich wünsche euch allen ein schönes Frühlingsfest. Und vielen Dank, daß ich nach Shandong kommen durfte. Hier ist es sehr schön. Ich wünsche euch alles Gute, vor allem aber gute Gesundheit. Und ich hoffe, daß ihr immer alle Arbeit habt! Zum Wohl!"

Die chinesischen Freunde prosten David zu. Sie sagen nichts. Täusche ich mich, oder blickt der ein oder andere gerührt zur Seite?

Später erzählt er seinen Freunden in Deutschland, die zum Teil viel älter sind als er und gebannt zuhören: „Er war mein bester Freund im Kloster, der Mönch Yan Lo. Wir haben viel zusammen unternommen, er hat mir viel erzählt, wir haben aber auch zusammen gescherzt, sind zusammen nach Dengfeng gefahren, sind bummeln und einkaufen gegangen. Wenn ich bei ihm im Kloster war, er wohnt im Nebenraum eines Tempels, dieser Raum ist an den Tempel praktisch angebaut, er ist ja wie der Sohn vom Vize-Abt, der dann alles für den Abt machen muß, Tee zubereiten, Wäsche waschen, alles organisieren, wie ein Diener. Ich bin auch gern mit Yan Lo in die Berge gegangen, zum Meditieren. Er ist schon viele Jahre in Shaolin. Sein *Wushu* ist sehr gut.

Als meine Mutter mich in Shaolin besuchte, da haben wir sie zusammen nach Zhengzhou gebracht. Wir waren in einem schönen Hotel dort, am nächsten Tag ist sie dann abgereist. Wir haben sie zum Flughafen gebracht. Ich hatte kein Heimweh, obwohl Mama etwas Sorge hatte. Sie hat bestimmt geglaubt, wenn sie wegfährt, dann ist es besonders schwer für mich. Aber es ging. Ich war ja schon an Shaolin gewöhnt.

Einmal haben wir meine Mama in China in einer anderen Provinz besucht. Das war so: Sie hatte in der Provinz Shandong zu tun. Und weil sie keine Zeit hatte, nach Shaolin zu kommen, da ist Yan Lo mit mir nach Jinan, in die Provinzhauptstadt, gefahren. Wir haben da eine schöne Zeit verlebt. Auch, weil gerade *Frühlingsfest* war. Ein anderes Mal bin ich mit Yan Lo in sein Heimatdorf gefahren. Das liegt auch in Shandong. Das war toll, da haben wir bei seiner Familie gewohnt.

Seine Eltern waren sehr freundlich zu mir. Wir waren mehr als eine Woche da. Es gab gutes Essen; tagsüber haben wir auch viel unternommen. Das war auch mal schön, im Dorf zu bleiben. Ich habe viele Leute dort kennengelernt. Yan Lo hat noch eine Schwester, die ist älter als er. Nach der Zeit im Dorf in Shandong war ich froh, wieder in Shaolin zu sein."

Zu Beginn wollte ich David nicht durch Telefonate aus seiner Umgebung reißen. Ich wollte ein- bis zweimal im Monat den Direktor der *Wushu*-Schule anrufen und nur fragen, ob alles in Ordnung sei, ob David gesund sei und sich wohl fühle.

Aber es hat sich dann anders ergeben. David hat ganz fröhlich mit uns gesprochen. Und manchmal, da hat er sogar einfach vergessen, daß wir verabredet waren. Wir fanden, daß das ein gutes Zeichen war. Dann haben ihn die Mönche gesucht, mich ein bißchen am Telefon warten lassen, und dann kam endlich jemand, um mir mitzuteilen, man wüßte gerade nicht, wo sich mein Sohn befände.

Das hat mich nicht sehr beruhigt. Ich habe dann das Gespräch beendet und den Mönchen gesagt, daß ich etwas später wieder anrufen werde.

Wenn ich Glück hatte, war David beim zweiten Versuch da und sagte: „Ach, Mama, du bist es. Weißt du, ich war mit Touristen im Nachbardorf, da habe ich ganz vergessen, daß wir heute telefonieren wollten. Aber es geht mir gut. Alles in Ordnung."

Es gab auch andere Situationen. Da sagte mein kleiner Sohn, er habe schon lange in der Nähe des Telefons gewartet. Dann wußte ich, er muß Heimweh haben. Aber er sprach nicht darüber.

Er hatte es sich zur Gewohnheit gemacht, meine unausgesprochenen Fragen gleich zu Beginn zu beantworten: „Ja, Mama, ich lebe noch, ich bin gesund, ich will noch bleiben. Und jetzt erzähle ich dir, was ich diese Woche alles gemacht habe und was so passiert ist in Shaolin. Ich war mit den Mönchen in den Bergen, habe viel trainiert und mit einem Mitschüler aus der *Wushu*-Schule eine kleine Reise in sein Heimatdorf gemacht ..."

VIERTER TEIL

Ein kleiner Mönch

Die *Dazhong Ribao*, größte Tageszeitung der Provinz Shandong, 500 000 Exemplare – Artikel in der Ausgabe für Kinder und Jugendliche:
Deutsches Kind im Kloster Shaolin
Eine Delegation aus Deutschland hat mit ihrer Leiterin, Frau Schneider, Shandong besucht und die Dazhong Ribao. Der kleine Sohn von Frau Schneider war auch dabei. Er sieht gut aus, wie ein kleiner Mönch.

Sein Name ist David Schneider, er ist elf Jahre alt und nun schon seit über einem halben Jahr in Shaolin. Er lernt dort für ein ganzes Jahr Kungfu. Warum will ein kleiner Junge in China, in Shaolin, Kungfu lernen? Unser Korrespondent hat ihn besucht und ein Interview mit ihn gemacht.

Zu seiner Familie: Er ist der kleinste Sohn und sieht gerne Kungfu-Filme im Fernsehen. Er hat zu Hause immer Kungfu trainiert. Die kleine Schwester hat auch mitgemacht. Die Mutter kommt sehr oft nach China, auch beruflich. Jedesmal, wenn sie nach Deutschland zurückkam, sagte David immer: ‚Mama, erzähl mir von China, von Shaolin und Kungfu.‘ Schließlich wollte er Kungfu lernen und war auch fasziniert von der chinesischen Kultur. Er hat sich gesagt: Irgendwann einmal, eines Tages, werde ich in China Kungfu lernen.

Dann hat David den Eltern gesagt: Ich will unbedingt nach China – und er war ganz ernst dabei. Die Mutter war erstaunt. Sie hatte damit nicht gerechnet. Und sie dachte: Er ist doch noch ein Kind. Wie kann ein deutsches Kind solch eine Entscheidung treffen, wo doch das Leben in China sehr hart ist, im Vergleich zum deutschen Lebensstandard? Aber David hat Ernst gemacht.

Er wollte unbedingt nach China. Seine Mutter mußte nachgeben. Sie versteht ihren Sohn. Sie weiß, wenn er etwas will, wird er es durchführen und auch schaffen. Im Sommer haben die Eltern ihren Sohn bis zum Kloster Shaolin begleitet, und sie waren damit einverstanden, daß er in Shaolin Kungfu lernt.

David hat sich darüber so gefreut, daß er kein Wort mehr sagen konnte. Nachdem Mama dann weg war, hat er seinem Meister mit Händen und Füßen gezeigt, daß er auch einen kahlen Kopf haben wollte. Er wollte ein echter kleiner Mönch werden.

Aber der Meister war damit nicht einverstanden. Der Meister dachte: Warum will ein deutsches Kind hier leben, vielleicht will es nur ein paar Tage hier spielen, es wird nicht durchhalten, das Leben hier ist zu hart. Wahrscheinlich will er nach einer Woche zurück, und bestimmt weint er viel.

David hat vermutlich verstanden, was der Meister dachte. Er ist mit seinen Mitbrüdern zu den Übungen gegangen – ohne ein Wort zu sagen. Er wollte mit seinen Taten etwas beweisen. Drei Monate später mußte der Meister zugeben, daß er sich geirrt hatte. David ist nicht nur intelligent, sondern hat auch alles ausgehalten. Das Essen ist nicht so gut – es gibt nur Tee und Reis oder Nudeln; das Zimmer ist kalt, das Bett unbequem, und morgens um 5 Uhr muß er schon trainieren. Man bekommt davon blaue Flecken, überall, am ganzen Körper. Aber David hat sich nie beklagt.

Besonders hart ist es im Winter, es gibt überhaupt keine Heizung und keinen Ofen. Man kann sich sehr gut vorstellen, was David durchgemacht hat, besonders, weil es so einen großen Unterschied im Lebensstandard zwischen China und Deutschland gibt. Drei Monate hat David viel gelernt; nun ist er schon sehr gut in Kungfu. Aber er ist auch sehr intelligent und sehr lernfähig.

Er kann schon gut Chinesisch und sogar Henan-Dialekt. Sein Meister ist sehr zufrieden und manchmal ganz gerührt. Dann hat er zugelassen, daß David die Haare abrasiert werden. David hat jetzt keine blonden Haare mehr, sondern einen kahlen Kopf. Sein Wunsch hat sich erfüllt, er ist jetzt ein kleiner Shaolin-Mönch.

Schauen wir doch mal zu: David ist gerade beim Training – er macht es wirklich gut. Er ist tatsächlich ein Mönch. Wir haben ihn gefragt, warum er unbedingt Shaolin-Mönch werden, Kungfu lernen und was er in Zukunft machen will.

Er antwortet ganz stolz: Ich will berühmt werden. Jetzt lerne ich gut Kungfu, dann kann ich später in Deutschland eine Kungfu-Schule eröffnen. Und jedes Jahr komme ich zurück nach Shaolin.

Wir – und auch die Eltern unserer jungen Leser – müssen überlegen, warum Davids Eltern ihm zugetraut haben, daß er allein in China lebt und lernt. Würden wir unseren Kindern auch so etwas erlauben und es ihnen zutrauen?"

Jeden Monat ging David zum Abt und bat um eine Audienz. Ganz offiziell. Dann hat er den Abt gefragt, ob er denn nun Mönch werden könne. Zum Zeichen seiner Zugehörigkeit zu Shaolin wollte er seine Haare abrasieren lassen und die Mönchskleidung tragen.

Und er wollte so gern im Kloster schlafen. Tagsüber war es ihm erlaubt, im Kloster zu bleiben, solange er wollte, aber schlafen durfte er dort nicht. Die Antwort lautete immer wieder: „David, das geht nicht. Du bist ein Außenlandmensch." Fünfmal ging das so.

Als David es im sechsten Monat seines Aufenthaltes wieder versuchte, da sagte der Abt zu ihm: „David, du brauchst nicht mehr zu fragen. Wir wissen, daß du schon ein kleiner Mönch bist. Dann durfte er sich die Haare abrasieren lassen und bekam die typische Mönchskleidung. Davids buddhistischer Name ist *Shi Yan Hai*.

Begegnung mit Su Yun

Damals, als die Winterkälte anhielt, viel länger als in den Jahren zuvor in China, als der letzte Kohl verbraucht war, da sprachen die Eltern abends leise über die Zukunft der großen Familie.

Die Mutter legte dem Vater die Hand auf den Arm. Sie flüsterten nur noch, damit die Kinder, die im gleichen kalten, kahlen Raum auf dem *Kang*, dem Familienbett schliefen, sie nicht hören konnten. Sie litten sehr, aber darüber verloren sie kein Wort.

Wenn sie miteinander sprachen, dann nur das Nötigste, wie es damals in China üblich war. Sie sahen nun keine andere Möglichkeit mehr. Früh am nächsten Morgen brach der Vater mit dem kleinen Sohn auf.

Stunden um Stunden wanderten sie, sprachen kaum. Es dauerte nicht lange, als der Vater ihn im Kloster abgab. Die Mönche nahmen ihn auf, wie viele andere Kinder vor sechzig, siebzig Jahren, deren verarmte Familien die große Kinderschar nicht mehr ernähren konnten.

Szenenwechsel: Su Yun heißt er, das ist sein Mönchsname, er ist einer der beeindruckendsten alten Mönche, mit einem reichen Wissen um die Vergangenheit des Klosters, er ist jemand, den man sich sofort zum Meister wünscht.

So ist er heute auch bekannt und beliebt bei wichtigen Personen der Provinzregierung (ein Direktor in Zhengzhou sagte, er sehe in Su Yun einen Heiligen); sein Wissen ist wirkliche Weisheit, man glaubt ihm jedes Wort, schätzt seine humorvolle Art, seine vielen, lustigen Falten im Gesicht. Doch lustig war sein Leben nicht. Lebhaft spricht er über den Glauben, über *Damo*, über die Kunst des *Wushu*, und natürlich führt er sofort einige Proben seines Könnens vor, nicht ohne zu betonen, daß dies ja nun nichts mehr sei im Vergleich zu dem, was ihm noch ein paar Jahre zuvor möglich gewesen sei.

Wenn er etwas vorführen will, steht er mitunter auch auf aus seinem Rollstuhl, der ihm das Leben ein wenig erleichtern soll, jetzt, da die Knie schmerzen, fast täglich. Nun sei er nur noch ein Lehrer, der sein Wissen weitergeben wolle, solange es eben noch gehe. Hier spürt man gelebten *Buddhismus*, viel lebensnaher als der Religionsbegriff im Westen, Versuch einer Synthese zwischen Alltag und Religion, die letztere ist nicht abgehoben, nicht getrennt vom täglichen Leben.

Als er zwei Jahre vorher mit zwei jüngeren Mönchen die Wallfahrt nach Shanghai zum Tempel des Jadebuddha und zu der Shanghai vorgelagerten Insel *Putuo Shan* machte, da dachte er, du mußt dich beeilen, du weißt nicht, wieviel Zeit dir noch bleibt. Weit über siebzig ist er inzwischen, vielleicht auch schon über achtzig, genau weiß es niemand, es gibt keine Papiere, für uns undenkbar, nicht zu wissen, wann du geboren bist, nicht schriftlich fixiert. Hier im Westen bist du nicht existent – ohne Papiere.

An den Tod denkt er manchmal, der alte Mönch, Angst hat er nicht, aber hundert Jahre alt möchte er werden, er weiß nur nicht, wann das genau sein wird, er, Su Yun, das kleine Kind von damals, das der Vater zum Kloster Shaolin brachte.

Su Yun konnte keine Schule besuchen, der Besuch einer Universität war ihm nicht möglich, sein Wissen verdankt er älteren Mönchen, der gelebten Tradition, der mündlichen Weitergabe des Wissens und der Weisheiten, die über die Jahrhunderte hinweg von einer Mönchsgeneration zur nächsten gelangen ... Seine Schüler profitieren von seinen Lebenserfahrungen, haben Anteil an seinem Erfahrungsschatz, er unterrichtet sie mit Freude.

Der alte Mönch streicht David über den Kopf, zärtlich fast, behutsam, er lächelt und weiß, daß es gute Gründe haben muß, daß dieses Kind mit zehn Jahren nach Shaolin gekommen ist, um einen Teil des Lebensweges der Mönche mit ihnen gemeinsam zu gehen.

Für ihn ist klar, daß der kleine Ausländer schon einmal in China gelebt hat, in einer früheren Existenz, höchstwahrscheinlich als Chinese. Es freut ihn, als wir ihm erzählen, daß der Film über seine Reise zum Kloster auf *Putuo Shan* der Auslöser war für Davids Reise nach Shaolin. „Kommt wieder alle her", sagt er zum Abschied zu uns.

In Su Yuns persönlichem Raum im Kloster, mit den ockerfarbenen Wänden und der kargen Einrichtung, spricht er mit dem kleinen Deutschen über Meditation. Davids Chinesisch reicht nun aus, um solche Themen anzugehen. Su Yun wird einer der persönlichen alten Meister von David.

Monate später, wenn David wieder zurück in Deutschland sein wird, dann wird er Su Yun treffen, der mit einer Gruppe von Shaolin-Mönchen in Deutschland auftritt. Niemand versteht, wie der alte Mann sich solche Strapazen zumuten kann.

Er ist ohne Rollstuhl gekommen, bewältigt all die Flüge, das Leben in Hotels, die Vorführungen des *Original-Shaolin-Wushu*, die anstrengenden Fernsehauftritte. Günter Jauch wird sie in seiner Sendung zusammenbringen, den kleinen deutschen Mönch und den ehrwürdigen chinesischen Meister. Es ist ein rührendes Wiedersehen.

„Ich wußte, daß ich euch bei dieser Reise treffen würde", wird er sagen und dabei verschmitzt lächeln. Eine Karte von Deutschland hat Su Yun noch nie gesehen. Er wußte weder, wo Berlin liegt noch Hamburg, die Stationen seiner Reise. Er wußte auch nicht, daß wir in Köln wohnen, als die Gruppe zum Fernsehen eingeladen wurde. Aber es war für ihn ganz selbstverständlich, daß er David wiedersehen würde.

Bei der Vorbereitung zur Fernsehsendung sitzen wir zusammen im Studio von Stern TV, mein Mann, David, Su Yun mit seinen Mönchen und ich, und staunen über die Situation: Da fliegt zunächst ein deutsches Kind nach China, um in Shaolin *Kungfu* zu lernen, und dann reist der greise Meister in das Land des Kindes, um dort die Kunst des *Wushu* zu zeigen.

Die Verbindung wird nicht abreißen. Zwei Monate, nachdem ich Su Yun in Deutschland getroffen habe, werde ich wieder in Shaolin sein. Er ist gerade zurückgekommen von der Tournee, ein wenig erschöpft ist er noch, aber zufrieden, denn er konnte mit seiner Gruppe von Shaolin-Mönchen wieder vielen Menschen die Religion und den Kampfsport nahebringen.

Als ich ihn in seiner Zelle aufsuche, liest Su Yun gerade. Er freut sich, als er mich sieht, umarmt mich und fragt, wie ich denn nun nach Shaolin komme, ob David auch da sei. Ich erkläre ihm, daß David in Deutschland sei und Schule habe. Ich habe eine Unternehmerreise organisiert, um deutsche Firmen mit chinesischen Partnern zusammenzubringen. Das findet er gut, der weise Mönch. .

Auf einem alten, halbhohen Schränkchen stehen zwei gerahmte Fotos, eines von David, das zweite zeigt Su Yun mit meinem Mann. Ich habe ihm neue Fotos mitgebracht aus Deutschland, die aus dem Fernsehstudio. Wir unterhalten uns. Kurze Zeit später sagt Su Yun zu mir: „Du gehst jetzt eine Stunde spazieren, sieh dir ruhig alles an, dann kommst du wieder her."

Der alte Mönch besitzt eine solche Autorität, daß man nicht zu fragen wagt, warum er das so möchte. Ich gehe im Dorf spazieren, und als ich zurückkomme, wage ich meinen Augen kaum zu trauen: Er hat im neuen vegetarischen Restaurant des Klosters ein phantastisches Essen bestellt, das mußte ein Mönch in seine Zelle bringen; er hat selbst den Tisch gedeckt; auf der Glasplatte über einer roten Tischdecke („Dann wird die Decke nicht schmutzig!") stehen viele kleine Gerichte, eingelegtes Gemüse, Reis, *Mantou* (eine Art Brot), später dann gibt es Nudelsuppe; wie immer in China die Suppe am Ende.

Nach dem Essen möchte der alte Mönch gern eine Zigarette rauchen. Su Yun ist ein wenig müde. Ich dränge ihn, eine Ruhepause zu machen.

Hinter dem zweiten Bett in Su Yuns Raum stehen mehrere

Holzkisten übereinander. Der Mönch beugt sich hinab und holt aus den Tiefen der Holztruhe farbenfrohe Poster mit Bildern der Götter hervor. „Das ist für euch, eins für deinen Mann, eins für David und eins für dich." Später zündet er Räucherstäbchen an: „Ich bete für deine ganze Familie." Der Abschied fällt mir schwer.

Meditation für einen Elfjährigen

Es ist eine getragene Musik, dunkel und dumpf, die Trommel spielt eine herausragende Rolle, in ganz Südchina kann man solche Musik hören, ich schließe die Augen und sehe in Köln, am Eigelstein, mit Blick auf den Dom, das Kloster in Shaolin vor mir. David hat diese Kassette für mich gekauft.

Die Musik macht ruhig, die feierlichen Gesänge kehren immer wieder. Durch die Wiederholung, durch die Eintönigkeit ergeben sich bestimmte Strukturmuster, die in den Körper eindringen, sich über die Muskeln ausbreiten und den Kopf ganz frei machen, frei von Gedanken, die den Menschen ablenken vom Wesentlichen.

Diese wunderbare Konzentration ist die Vorbereitung auf das *Nirvana*. In der Meditation kann dieser Zustand ansatzweise erreicht werden. Und das ist das Glück. Noch ist das für uns schwer nachvollziehbar.

David berichtet von seinen Erlebnissen in der Meditation, die ihn ruhig gemacht haben. Freiwillig hat er all die Übungen auf sich genommen, das harte Training, hat draußen und drinnen meditiert, auf seinen Wanderungen, auf einem Felsen sitzend, allein, mit den Mönchen, im Kloster, in seinem Zimmer, dort, wo er sich einen kleinen Altar gebaut hat.

Bei den Mitschülern in der *Wushu*-Schule hat er hierfür kein Verständnis gefunden. Später wird er sagen, in Deutschland könne er nicht so gut meditieren. Das sei nicht die richtige Umgebung dafür.

Als David in den ersten Monaten seines Aufenthaltes in

China die Mönche auf ihren Spaziergängen in die Berge begleitete, als er sah, wie sie am Wasser meditierten, da verstand er noch nicht genug chinesisch, um mit ihnen darüber zu sprechen. Das kam erst später. Er machte einfach alles mit, was sie machten. Er saß dort im Lotussitz, imitierte seine Freunde, fühlte sich in das hinein, was sie taten.

Langsam wurde er einer von ihnen, sie akzeptierten ihn, und er fühlte sich angenommen. Neben allen Späßen, zu denen das Kind jederzeit aufgelegt war, war es nun den wichtigen Fragen auf der Spur:

Warum hat der *Mile Fo, der Dickbauchbuddha* so einen dicken Bauch? Warum müssen alle Menschen sterben? Was kommt danach? Gibt es ein Leben nach dem Tod? Gibt es eine Wiedergeburt? Was ist das *Nirvana*? Oder kommen die Menschen in den Himmel? Gibt es einen Gott? Ernste Fragen für einen Elfjährigen.

David ist unterwegs zum Teich des Drachen. Er trägt seine Mönchskleidung, ist ganz ernst und konzentriert. Es ist sechs Uhr morgens. Die Sonne ist soeben aufgegangen über dem Songshan-Gebirge, das Kloster liegt in tiefem Frieden. Der kleine Deutsche steigt hinab zu einem Teich. Dort unten am Wasserfall meditiert er am liebsten. Oft war er hier mit den Mönchen, heute kommt er allein. Er zieht seine ungeschnürten Stoffschuhe aus, stellt sie ordentlich nebeneinander an den Berg, streicht seine Mönchskleidung gerade, sucht sich einen guten Platz aus und läßt sich nieder. Er sitzt dort im Lotussitz, legt die Hände vor den Körper, die Handflächen geöffnet nach oben, schließt die Augen.

Sein Meister hat ihm erklärt, wie er es machen soll: „Denk an nichts; konzentrier dich auf dein *Qi*, auf deine Lebensenergie, du weißt schon, es ist kosmische Energie. Du hast doch schon den Felsen besucht hier im Songshan-Gebirge, dort hat die kosmische Energie ihren Ursprung.

Du mußt Geduld haben, David. Wenn du weiter und weiter übst, dann wirst du eine immer größere Leichtigkeit fühlen, du wirst mehr Erfahrung bekommen. Du wirst zur eigenen Mitte finden ..."

Später, in Deutschland, wird David ganz ernst und selbstkritisch sagen: „Nein, Mama, das, was ich da mache, das ist noch keine richtige Meditation. Dafür muß man viel länger trainieren. Jahrelang!"

Wir sollen Sie von Ihrem Sohn in China grüßen

Wie oft haben wir diesen Satz gehört. Besucher kommen zurück aus dem fernen China und rufen uns an, schreiben und besuchen uns. „Es geht David gut. Wir haben ihn vor vier Tagen noch gesehen. Er ist ein mutiger kleiner Kerl." Dann kommen Fotos, die die deutschen Touristen von David gemacht haben. Es kommt uns so vor, als sei er sehr gewachsen in diesen Monaten, in denen wir ihn nicht gesehen haben.

Er ist schmal, aber er sieht gut aus. Auf einem Foto steht er inmitten der chinesischen Mitschüler; die Haare wachsen wieder ein wenig. Er begleitet Touristen auf Ausflügen, führt sie hinauf zur Höhle des *Damo*, geht mit ihnen zum Teich des Drachen, wandert mit den Besuchern in die Umgebung von Shaolin.

Einzelne Briefe der Touristen teilen uns mit, was unser Kind so alles macht in China. Er wird viel fotografiert, manchmal scheint er auch „ein paar Tage wegzufahren". Das können wir gar nicht verstehen. Später erst erfahren wir, daß er mitunter ‚Urlaub von Shaolin' gemacht hat. Wir hören, daß einige Amerikaner und Schweizer von Shanghai aus nach Shaolin gekommen sind, nur um David zu sehen. Chinesische Journalisten und Kameraleute besuchen ihn, interviewen und filmen den alten Ausländer. Berge von Post werden später kommen, wenn der Film über David mehrmals in Deutschland und Frankreich gesendet wird. Wie es zu diesem Film kam? Der Autor rief bei uns an: „Ich komme gerade aus Shaolin. Ich soll Sie von Ihrem Sohn grüßen..."

Gemeinsame Reise nach China

Langsam wächst in Deutschland bei uns in der Familie die Entscheidung, David gemeinsam in *Shaolin* abzuholen und dies mit einer China-Reise zu verbinden.

Um das finanzieren zu können, jobben die Kinder, und als das noch nicht reicht, verkaufe ich kurzerhand mein Auto.

Bei der Ankunft erleben alle unsere Kinder ihren Kulturschock. Sie müssen sich langsam eingewöhnen, das deutsche Lebenstempo vergessen, sich einlassen auf China.

David, der nicht wußte, daß ihn die ganze Familie abholte, reagierte völlig verwirrt; ein Wiedersehen nach einem Jahr. Alle kamen ihm auf der Brücke, eben jener Zickzackbrücke in Shaolin, entgegen. Er starrte uns an, sah durch uns hindurch, drehte sich auf dem Absatz um und ging zurück zum Gasthaus.

Dann drehte er sich wieder, zögerte, kam auf uns zu und sagte: „Ich wollte gerade ins Kloster gehen und den alten Abt besuchen." Er schwieg und setzte erneut an: „Sascha und Mischa sind aber groß geworden."

Danach erst löste sich die Spannung: „Ihr seid alle gekommen?" Dreißig Chinesen schauten zu, als wir David umarmten.

Es war das gleiche Gasthaus, in dem wir ein Jahr zuvor gewohnt hatten, mein Mann, David, Natascha und ich.

Nun wohnten wir wieder hier; die Wirtsleute strahlen, als sie uns sehen. Sie haben inzwischen ein kleines Hotel gebaut, prächtig im Vergleich zum alten Gästehaus, das nun dahinterliegt und nur noch privat von der Wirtsfamilie genutzt wird. Die ganze Familie hat in den letzten Jahren fleißig gearbeitet und gespart auf dieses Ziel hin.

Natürlich war beim Bau des neuen Teils der *Fengshui*-Experte dagewesen, der Geomantiker, das ist jemand, der etwas von Wind *(Feng)* und Wasser *(Shui)* versteht, der bei kleinen Häusern genau wie bei den großen modernen Hotelbauten Ratschläge erteilt, wie man das Haus vor bösen Einflüssen schützen und die positiven Kräfte der Natur nutzen kann. Das ist nicht ganz billig, aber kein Chinese, der etwas auf sich hält, würde es wagen, das Fengshui nicht zu beachten.

Oben im Neubau gibt es mehrere Zimmer mit Bad, wir bekommen eines und sind glücklich, auch wenn wir während des Tages nicht genug Zeit zum Baden haben. Doch es ist ein sehr angenehmer Luxus.

Wir müssen zunächst alle Plätze aufsuchen, an denen wir schon waren. Spurensuche. Die Kinder erobern sich teils mit uns gemeinsam, teils aber auch allein ‚ihr' Shaolin. Mitunter gibt es kein Wasser. Abgestellt. Manchmal auch keinen Strom. Eingespart. Das ist nicht so schlimm für Touristen. Unangenehmer ist das für die Fabriken, denen das in ganz China manchmal mitten in der Arbeit passiert. Dann läuft nichts mehr.

Ich erinnere mich noch, wie wir mit der ganzen Familie in Shaolin gefrühstückt haben. Jeden Morgen grüßten alle Händler, wollten David und die Familienmitglieder auf sich aufmerksam machen, hofften, daß sich die Ausländer bei ihnen niederlassen würden.

Dann, wenn wir einen Stand ausgewählt hatten, waren die anderen nicht etwa beleidigt – nein, sie kamen auch zu einem Schwätzchen dazu. Nicht selten frühstückten wir in Anwesenheit von zwanzig, dreißig Chinesen; Händler, Touristen, *Wushu*-Schüler, sie alle fanden es wahnsinnig interessant, den Ausländern zuzuschauen.

David geht mit viel Humor auf die Menschen zu; er erobert die Herzen im Sturm. So kommen wir in einen der großen Überlandbusse und werden – wie immer – angestarrt.

„Ja, Leute, schaut nur", sagt David in ausgezeichnetem Chinesisch, „hier ist wieder so ein kleiner Ausländer gekommen ...". Er hat die Lacher auf seiner Seite. Er behauptet sich, lebt ganz in dieser fremden Welt und fühlt sich wohl.

Zu Hause in Shaolin

„Mit meinem Vater und meinen großen Brüdern bin ich in die Berge gegangen, als die ganze Familie kam, um mich abzuholen. Wir haben Wanderungen gemacht. Das war ganz schön anstrengend. Für die anderen. Für mich nicht so. Ich war ja gut trainiert. Da es sehr heiß war, sind sie schnell ins Schwitzen gekommen.

Der größte Teil des Weges bestand aus Treppenstufen, die in den Berg gehauen waren. Ich habe diese Wanderungen vorher schon gemacht. Daher konnte ich den anderen alles zeigen. Den Weg kannte ich auswendig. Wir haben dann Pausen gemacht und uns über viele Dinge unterhalten.

Ich wußte ja schon, daß bald mein Jahr in Shaolin zu Ende sein würde. Einerseits habe ich mich super gefreut, nach Hause zu kommen, andererseits wär' ich gern noch dageblieben. Hoch in den Bergen gab es eine lange Brücke. Da haben wir dann Fotos gemacht. Ich war froh, daß mein Vater und die Brüder da waren. Ich habe mich auch gefreut, daß wir Männer mal einen ganzen Tag unter uns waren."

Gespräche über Tod und Leben: *Ta Lin*, das ist der Wald der *Stupas*. 500 Meter westlich vom Kloster befinden sich mehr als 250 Gräber von Mönchen (meist Äbten) aus allen Jahrhunderten. Dort liegen auch berühmte Kungfu-Kämpfer. Besonders interessant ist es, die unterschiedlichen Stilrichtungen der Stupas wahrzunehmen.

Von 9.30 Uhr bis 17.00 Uhr laut und viel besucht, sind auf dem Friedhof außerhalb dieser Zeiten himmlische Ruhe und Raum für die Meditation der Mönche. Hier im größten Pagodenwald von ganz China trainieren auch die älteren Mönche (wenn sie unbeobachtet sind); sie trainieren Stellungen, da braucht man Jahre, bis man die schmerzfrei beherrscht.

Im Wald der *Stupas* waren wir oft mit der ganzen Familie. Je nach Tageslicht ist dort die Atmosphäre ganz unterschiedlich. In der Nacht schimmern die Ziegel der *Pagoden* weiß, das helle Licht fällt auch auf die Wege; kommt man am Tag, so sind die Ziegelsteine gelb bis orangefarben.

Wenn es geregnet hat, ist alles in dunkle Töne gehüllt; ockerfarben, braun, lila, so stellen sich die *Pagoden* dann dem Besucher dar. Im Wald der Stupas besinnt man sich wieder auf Wesentliches.

Wir überlegen uns, was das wohl für Menschen waren, die hier ihre letzte Ruhe gefunden haben. Ob sie auch bis zum Umfallen Kungfu trainiert haben? Sind die berühmten 13 Retter des Kaiserreiches auch hier bestattet? Stimmt es, daß die größte Stupa Damo unter sich begräbt? Wir diskutieren über den Tod und über das Leben, über die Religionen, über die unterschiedliche Mentalität.

Wir sitzen vor dem Gasthaus auf der kleinen schmalen Bank. Es ist sechs Uhr morgens. Langsam treffen die Familienmitglieder ein; dann kommen die Mitglieder des Filmteams, die beiden Filmemacher, der chinesische Techniker, die Dolmetscherin.

Die Wirtsleute sind schon längst beim Gemüseputzen für das Mittagessen. Wir haben sie oft dabei beobachtet, im Innenhof oder auch vor dem Haus. Stundenlang arbeiten die Frauen, ohne Hektik, sie plaudern dabei, die kleinsten Kinder spielen in der Nähe der Mütter, auf Strohmatten, auf dem Boden.

Dann kommt David. Über die Brücke. Er war schon in aller Frühe drüben im Kloster. „Heute wird das Wetter schön", verkündet er strahlend, „da können wir doch einen Ausflug machen ..." Mich zieht es mehr in die dunklen Tempelhallen, immerhin haben wir jetzt bereits 37 Grad. Und immer hohe Luftfeuchtigkeit.

Dieses Frühstück wird im Laufe der gemeinsamen Tage in Shaolin zu einem kleinen Ritual. Wer zuerst kommt, besorgt schon das Brot, Tee ist immer da, Autor und Kameramann brauchen manchmal Kaffee. Kaffeesahne wär auch nicht schlecht. Es wird alles eingekauft. Auf der anderen Seite der Straße bieten die Händler Gemüse an oder Getränke.

Die Schweine laufen noch immer frei durch das ganze Dorf, nur stören sie uns nicht mehr. Ruhig und gelassen können wir sie beobachten, sehen, wie sie geschickt den Autos und manchmal auch den knatternden Motorrädern oder Eselskarren ausweichen. In wechselnden Grüppchen diskutieren am Morgen alle Beteiligten über die Erlebnisse des vergangenen Tages, über das Filmprojekt, über die Tagespläne und über die neuesten Nachrichten von den Mönchen. Diese haben zugestimmt: Alle geplanten Filmaufnahmen im Kloster und in den Tempelhallen sind genehmigt. Gegen eine beträchtliche ‚Spende'.

Später, wenn die Touristen kommen, können wir ihnen mitunter Ratschläge geben, wir kennen uns jetzt schließlich aus. Gehen wir doch mal rüber zum Vize-Abt, auf eine Tasse Tee.

Wir fühlen uns wohl in Shaolin. Davids Stimmungen aber schwanken. Für ihn ist es die Zeit des Abschiednehmens. Das ist nicht leicht. Er will Abschied nehmen von den Menschen, von den Orten, die ihm ein Jahr Heimat gewesen sind, sicher nicht von Anfang an, dann aber zunehmend mehr. Und jetzt muß er Shaolin verlassen.

Der alte Mönch erzählt: „In der Zentralebene liegt der Berg Songshan, auch Zhongyue (Zentralberg) genannt, im Kreis Dengfeng, in der Provinz Henan. Hier befinden sich unser Kloster Shaolin, die Pagode des Songyue Klosters, während der Nördlichen Wei-Dynastie (386-534) gegründet, der Zhongyue Tempel, die Songyang Akademie (mit Stelen aus der Tang-Dynastie) und eine ganze Anzahl von weiteren Sehenswürdigkeiten ...
Inmitten der umgebenden Berge liegt hoch oben das Songshan-Tal. Dort haben Mönche vor ca. 1500 Jahren das Kloster Shaolin erbaut. Ganz in der Nähe befindet sich der Teich des Drachen, ein idealer Platz zum Meditieren. Es gibt klares Wasser und einen Wasserfall. Am fließenden Wasser, da wird der Körper ganz ruhig."

Die Nachmittagssonne scheint auf das sich kräuselnde Wasser, taucht alles in ein unwirkliches Licht ... Als David mit einem Freund aus der Kungfu-Schule beim Gaocheng-Observatorium aus der Yuan-Dynastie war, da hat er gelernt, daß die Chinesen glauben, hier sei der Mittelpunkt der Erde ...

„Dieses älteste erhaltene Observatorium in ganz China liegt ungefähr 14 Kilometer südöstlich von Dengfeng, der Kreisstadt, entfernt. Der Turm, der über 9 Meter hoch ist, besteht ganz aus Ziegelsteinen. Mit Hilfe einer langen Steinmauer hat man den Sonnenschatten gemessen. Insgesamt gab es damals 27 Beobachtungsstationen im ganzen Reich. Das war zu Zeiten des Kaisers Kublai Khan, als Marco Polo von Italien aus nach China reiste und am chinesischen Kaiserhof Berater wurde."

David findet diese Erzählungen wunderbar. Er sagt: „Da kann ich alles behalten. Die Chinesen erzählen in Bildern." Bei diesen Begegnungen hat er alles, was er sich gewünscht hat. Er ist ganz zufrieden.

Nach der Rückkehr werde ich ihn fragen: „Wie war denn dein Verhältnis zu den Mönchen insgesamt? Und was habt ihr alles zusammen gemacht?"

„Die Mönche waren alle ganz nett, es gab aber auch ein paar darunter, die mir nicht gefielen. Mit denen hab ich nicht soviel geredet. Ich habe viele besucht, manchmal war ich auch im Laden des Klosters, da haben wir viel Spaß gehabt. Tagsüber haben die jungen Mönche die Klostermusik gespielt, die hörte man durch die Lautsprecher im ganzen Dorf; abends, wenn die Touristen weg waren, dann haben sie chinesische Popmusik gespielt."

Allein im Tempel. Der kleine, elfjährige Junge steht vor der großen Wandmalerei in einer der Haupthallen und staunt. Die Farbe ist zum Teil abgeblättert, immer wieder mußte das Bild übermalt und restauriert werden. Zu sehen sind die Shaolin-Kämpfer beim Training. Sie tragen die typische Kleidung, handgenähte Hosen und lockere Oberteile, zusammengehalten durch geknotete Bänder. Sie tragen eine Art Stoffgamaschen, dazu die weichen, ungeschnürten Stoffschuhe. Blau sind einige Gewänder, andere braun oder rot. Die Hosen sind meistens weiß. Einige Kämpfer haben eine Glatze, andere kurzgeschorene Haare.

Ältere Mönche am Rande des Bildes schauen zu, andere sind Trainer und unterweisen die Schüler. Die meisten der Shaolin-Kämpfer sind ganz schön rundlich, findet der kleine Deutsche. Ihn faszinieren sowohl die kleinen Pagoden in der Bildmitte, ein Beispiel für die Architektur Chinas, die er einfach großartig findet, als auch die Konzentration, die den Mönchen anzusehen ist. So gut möchte er auch einmal im Kungfukampf sein, so gut wie die alten Meister.

„Wißt ihr eigentlich", fragt uns David, „daß die meisten Tempelklöster in China ganz ähnlich gebaut sind? Zum Beispiel die buddhistischen Klöster: Sie sind für die Mönche da, aber oft auch für die Gläubigen, die dann dahinkommen. Sie haben meistens drei Haupthallen und ganz viele Nebenhallen und Nebengebäude. Der Eingang liegt im Süden. Dann kommt zuerst eine Wand, die soll vor bösen Geistern schützen. Sie heißt auch Geisterwand.

Dann kommt ein Tor und danach ein Vorhof. Da stehen dann der Glocken- und der Trommelturm. Der Glockenturm steht links und der Trommelturm rechts. Man geht weiter geradeaus; dann kommt die Halle der Himmelskönige, da erst beginnt das Innere des Tempels. Da siehst du dann den Dickbauchbuddha, den *Mile Fo*.

Ich weiß jetzt, warum der so dick ist: Der hat das Leid der ganzen Welt in sich aufgenommen. An den Seiten siehst du die vier Himmelskönige. Die sind stärker als das Böse. Jetzt kommt wieder ein Hof, dort steht ein großes Weihrauchgefäß, wo die Leute immer Räucherstäbchen entzünden.

Dann kommt die Haupthalle. Da siehst du drei Buddhas. In der Mitte ist Shakyamuni, das ist der Buddha, der wirklich gelebt hat, der Buddha Gautama aus Indien; links ist der Buddha der Vergangenheit und rechts der Buddha der Zukunft. Dann kommt noch eine Halle, wo sich die Mönche immer versammeln. Das alles gehört zum heiligen Bezirk. Ist doch toll, nicht?"

Rückkehr nach Köln

Es wird langsam ernst. Ein Jahr in Shaolin ist vorübergegangen. David hat Shaolin-Kungfu trainiert, die Sprache erlernt, er meditiert, er hat Freunde gefunden. Er hat das Kloster und die Mönche immer besser kennengelernt.

Und er hat Shaolin in allen Jahreszeiten erlebt: den heißen und feuchten Sommer, Training bei 40 Grad Hitze; den nassen Herbst, Training auf dem aufgeweichten Boden und bei Dauerregen, und irgendwie war alles dunkel und unfreundlich; den eiskalten, aber mitunter sonnigen Winter, Training bei 10 Grad Kälte; und den wunderbaren Frühling, die schönste Jahreszeit in Shaolin, wenn die Natur zu neuem Leben erwacht.

David nimmt Abschied. Die Mönche sagen: „Wir wissen, daß du zurückkommen wirst. Mach es gut. Und vergiß nicht zu trainieren." Die Händlersfrauen sagen: „Komm wieder. Du kannst dann bei uns kostenlos frühstücken." Der alte Dorfschullehrer putzt umständlich seine Brille. Er hat das fremde Kind ins Herz geschlossen, auch wenn es nicht in die Schule kommen durfte. Der alte Abt legt David zitternd die Hand auf den Kopf, er lächelt wehmütig und murmelt: „Kleines altes Ausländerchen!" Einige Monate später wird er wegen seiner zunehmenden Schüttellähmung tatsächlich nach Shanghai gebracht werden, dort kann er besser versorgt werden, sagen die anderen Mönche.

David geht noch einmal durch das ganze Dorf; Stunden verbringt er in Ta Lin, im Pagodenwald, allein; er steigt hinunter zum Teich des Drachen, mit seinem Freund, dem Mönch Yan Lo, dann geht er hinauf ins Kloster, steigt die Treppen hoch, geht durch die Hallen, streicht mit der Hand an den Wänden entlang, über die Gemälde. Vieles hat er schon „begriffen", aber er weiß auch, daß es noch viele Geheimnisse gibt in Shaolin, hoch im Songshan-Gebirge, in der Provinz Henan, in Zentralchina.

Dann geht er noch einmal zu den Zellen der Mönche, einigen ruft er nur zu: „Bis bald. Ich komme wieder", bei anderen hält er sich länger auf; der Abschied tut weh.

David packt in seinem Zimmer in der Wushu-Schule. Es ist besser, ihn jetzt nicht zu stören. Er ist nervös. Den größten Teil seiner Sachen will er in Shaolin lassen: „Das ist alles für meine Freunde." Nur die Sommersachen für unsere Abschiedsreise durch China und die Erinnerungsstücke, die will er mitnehmen. Am letzten Tag sagt er: „Mein Stock, der muß auch mit." Und so reist sein Kungfu-Stock, 1,80 Meter lang und ein echtes Verkehrshindernis, durch ganz China. Im Taxi, im Überlandbus, im Zug. Wir sind froh, als später das „Sondergepäck" im Flugzeug gut verstaut ist. In Deutschland wird er damit trainieren. Dann packt er seine Bücher ein, sein Schwert, auf das er ganz stolz ist, und seinen kleinen, lachenden Dickbauchbuddha, den für acht Mark fünfzig, den, der das Leid der ganzen Welt in sich aufgenommen hat. David aber lacht nicht.

Er tut mir leid, seit unserer Abreise aus Shaolin ist er sehr enttäuscht von seinem Traumland. In Shaolin, wo er unter Chinesen wohlbehütet war und nicht wie ein „kleiner ausländischer Teufel" behandelt worden ist, hatte er diese Seite von China nicht kennengelernt. Doch auf unserer Reise ist das anders. Manchmal werden wir überbetreut, das ist uns allen dann zuviel, besonders aber David, ja, und manchmal wollen alle nur unser Geld.

Wenn man aber weiß, daß jeder Ausländer, der nach China kommt, für einen Millionär gehalten wird, weil kein normalverdienender Chinese sich so eine Reise privat leisten könnte, dann wird vieles verständlich. David leidet sehr darunter, daß er das Gefühl hat, wir werden ungerecht behandelt.

Als wir in Xi'an ins Schwimmbad wollten und die Diskussion wieder losging, daß wir fünfmal soviel bezahlen sollten wie die Chinesen, da stand er wütend auf der Straße, schimpfte und schrie (mit Tränen in den Augen) in perfektem Chinesisch: „Wir Ausländer sind auch Menschen. Merkt euch das." Fünf Minuten später hatte er die Eintrittskarten zum chinesischen Preis in der Hand ...

„Super hat der Kleine das gemacht!" sagt die große Schwester und findet ihn ziemlich mutig. Alle wissen, daß er sehr selbständig ist, aber so tapfer – das setzt sie doch in Erstaunen. Natürlich haben sich alle Geschwister Sorgen gemacht, weil er noch so klein ist.

Es ist unbeschreiblich, wie der kleine Junge die Zeit hier gemeistert hat. Er muß ein gutes Gespür für Menschen haben, denn er weiß sehr wohl zu differenzieren, auf wen er sich einlassen soll und auf wen nicht. Mit einigen Menschen ist er sehr eng befreundet, anderen geht er sehr bestimmt aus dem Weg. Er erscheint mir sehr abgeklärt und selbständig, und er hat eine humorvolle Art.

David ist jetzt auch ein kleiner Mönch. Als ich ihn fragte, ob er denn auch wirklich ein Buddhist sei, antwortete er „Na klar ... ich hab doch 'nen Ausweis!" Wir fanden diese Bemerkung zunächst einfach witzig, aber David sagte ganz ernst: „Wenn man nicht nach dem Buddhismus lebt, bekommt man den buddhistischen Paß doch nicht..."

Wie oft hatte ich in diesem Jahr erlebt, daß die Brüder von David, unsere 17jährigen Zwillinge, sich mit ihren Freunden über David unterhielten. Sie waren sich darin einig, daß eine solche Reise in das ferne Land und der Aufenthalt dort etwas sehr Erstrebenswertes waren; sie waren voller Bewunderung für das Kind und seine Entschlossenheit.

„Unser Verhältnis ist viel besser geworden", sagt Alexander. „Er ist nicht mehr der kleine Bruder. Er ist jetzt fast gleichberechtigt. Was ich heute über David denke? Zuerst habe ich nicht geglaubt, daß er wirklich dahin fährt. Ja, als er tatsächlich fuhr, war ich ganz erstaunt; später war ich auch stolz auf ihn, daß er es geschafft hat..

Klar merkt man, daß er sich sehr verändert hat. Er ist sehr selbstbewußt und selbstsicher geworden und wirkt im Gegensatz zu anderen Kindern seines Alters reifer. Wir verstehen uns jetzt ganz gut, ich kann mehr mit ihm anfangen, er ist kein Kind mehr ...

Die meisten meiner Freunde finden sehr erstaunlich, daß er das wirklich getan hat. Einerseits beneide ich ihn, andererseits zieht es mich nicht für ein ganzes Jahr dorthin. Der gemeinsame Aufenthalt mit der Familie in China hat mir gut gefallen und viele Erfahrungen gebracht. Ich kann mir jetzt viel mehr darunter vorstellen, wenn ich etwas über Asien und die Lebensweise dort höre."

Auch die Freunde der Geschwister staunen, wie Özkan, ein türkischer Freund der Familie: „Ja, ich war natürlich auch sehr erstaunt über David; ich kannte ihn vom Hören, später lernte ich ihn persönlich kennen, den Film habe ich auch gesehen. Wir sind heute gute Freunde.

Ich glaube, ich selbst würde so einen Aufenthalt nicht verkraften, obwohl ich Halbasiate bin. Mich würden die Gedanken an die Familie ständig ablenken; außerdem bereite ich mich auf mein Berufsleben vor."

Nachdenken über die Konsumgesellschaft

Ich habe gerade an dem Kapitel über das harte Körpertraining geschrieben, jetzt muß ich noch darstellen, wie David nicht nur seinen Körper trainiert hat. Ich höre eine chinesische CD, gerade, um mich einzustimmen. Die Bildbände und die Fachliteratur bedecken meinen Schreibtisch fast ganz.

Aber was hat er außer den Dingen, die man gut beschreiben kann, in Shaolin erlebt? Wie hat er dieses ganze Jahr gefüllt? Es will mir, trotz all der anregenden Arbeitsmittel, nicht gelingen, mir vorzustellen, wie er tatsächlich an den Tagen gelebt hat, wo nichts Aufregendes passiert ist. Ich habe eine kleine Stoffsammlung für diesen Text vorbereitet, da habe ich unter anderem notiert, welche Aktivitäten Davids Alltagsleben bestimmt haben.

Also, er hat natürlich viele Stunden des Tages mit Training zugebracht, aber nicht jeden Tag. Es gab schlechtes Wetter, manchmal sogar zu schlecht, um zu trainieren. Es gab einen freien Tag pro Woche. Was hat er da wohl gemacht?

Da waren die Mahlzeiten, er hat sein Zimmer aufgeräumt, er hat mit Mönchen gesprochen, mit Touristen, er hat kleine Einkäufe gemacht. Er hat meditiert. Er war in den Hallen des Shaolin-Tempels, hat alles angeschaut, war manchmal bei der Andacht der Mönche anwesend.

David hat seine Wäsche gewaschen, zum Trocknen aufgehängt, er hat Karten und kleine Briefe geschrieben, er hat, aber nur wenige, Aufzeichnungen in dürren Worten in eine Art Tagebuch geschrieben, er hat gemalt. Er hat mit Freunden gescherzt, Touristen auf Ausflügen begleitet.

Ich werde unruhig. Bei aller Phantasie. Das alles füllt noch nicht ein ganzes Jahr. Hat er sich gelangweilt? Hat er oft untätig herumgesessen? War er traurig? Hat er geweint? Hat er uns vermißt? Dazu muß ich ihn unbedingt noch befragen.

Am Abend kommt David zurück vom Inline-Skaten am Dom. Er ist noch ganz erhitzt. Ich frage ihn, sehr vorsichtig. Ich will ihm nicht die Worte in den Mund legen. Ihn nicht beeinflussen. Mitunter hat er gelesen, was ich am Vortag geschrieben hatte und gesagt: „Weißt du, Mama, es war nicht ganz so, wie du geschrieben hast." Und dann diskutierten wir darüber. Daß er genau die und die Formulierung gebraucht hatte, vor zwei Jahren, ich hatte es notiert. Dann sagte er: „Mama, heute sehe ich es aber anders. Schreib das auf!"

„Nee, Mama", sagt der vom Spiel heimgekehrte Sohn, der gleich ahnt, daß da wieder Arbeit auf ihn wartet, „...nicht schon wieder", und zieht seine Inline-Skates aus. „Laß mich erst mal was essen. Bleib ruhig hier am Computer, ich gehe in die Küche und mach mir was. Später kannst du mir Fragen stellen. Aber eigentlich hab ich dir schon alles gesagt."

Ich schreibe inzwischen weiter, überarbeite das Kapitel über Meditation, David kocht sich etwas.

Dann kommt er zu mir ins Arbeitszimmer, eine Portion hat er mir mitgebracht: „Das mußt du probieren, Mama, schmeckt cool", spielt ein wenig auf dem Klavier und sagt endlich: „So, nu kannste mich fragen!"

Wir müssen jedesmal erst wieder in eine lockere Gesprächssituation hineinfinden, er ist bereit, mir etwas zu sagen, aber erst muß die Atmosphäre dafür geschaffen sein, erst muß er zurückfinden nach Shaolin, er ist jetzt zu sehr beschäftigt mit seinen Freunden in der Stadt, mit dem Spiel, mit der Schule, ist einfach zu unruhig. Ich lege eine neue Kassette mit Musik aus Shaolin ein. Das hilft uns.

„David, was ich von dir wissen möchte, ist folgendes: Was hast du dann gemacht, wenn du nicht gerade mit Trainieren oder Essen oder Einkaufen oder solchen Sachen beschäftigt warst? Es interessiert mich, was du gedacht und gefühlt hast. Gab es manchmal Probleme? Womit hast du dich beschäftigt?"

„Mama", sagt David, „dann habe ich in Shaolin gelebt. Einfach gelebt."

Die Familie staunt über den heimgekehrten Sohn. Mitunter ist er sehr anschmiegsam und zärtlich, „Ich habe doch ein Jahr lang nicht genug Liebe bekommen", sagt er. Dann wieder kann er die kleine Schwester provozieren, die großen Brüder nerven. Er ist ein ganz normaler Junge. Oder doch nicht?

Er ist zurückgekehrt, aber nichts ist mehr wie früher. David ist verändert. Er streitet sich, weniger als früher, und er ißt ab und zu Hamburger, mehr als früher. „Ach, weißt du", sagt er zu seiner großen Schwester, „ich liebe McDonalds, abgesehen davon, daß sie die Regenwälder abholzen."

„David, was machst du nur für ein Chaos?" frage ich ihn. Berge von Spielsachen, obenauf die Kuscheltiere, darunter Autos, technisches Spielzeug, das ziemlich teuer war, aber auch Kleidung und Bilder, viele Dinge, die David einmal lieb waren, liegen in einem wüsten Durcheinander in seinem Zimmer.

„Hier, Mama", sagt mein Sohn, „das möchte ich verschenken. Und das auch." Wir sind kaum wieder zu Hause mit ihm, da stellen wir auch schon große Veränderungen an seinem Verhalten fest.

Natürlich hat er Wünsche wie alle Kinder; möchte sich schöne Dinge kaufen. In dieser Hinsicht ist er ganz normal. Er ist noch selbstbewußter geworden, noch selbständiger, bescheidener zwar in seinem Wesen, aber gleichzeitig anspruchsvoller und entschiedener – zum Beispiel, was Qualität angeht. Große Kaufhäuser machen ihn fast aggressiv:

„Die Leute hier, die sind doch verrückt, sie kaufen nur, und zufrieden sind sie doch nicht. Denk doch nur an die Armen in China. Sie haben nichts und sind viel zufriedener als die Menschen bei uns."

Ich erinnere mich an Davids Satz in Shaolin: „In China kann man lernen, mit wenig zufrieden zu sein." Und wie sagte er in dem kleinen, einfachen Gasthaus: „Hier hat man alles, was man braucht ..."

David verschenkt Dinge, verändert sein Zimmer, richtet es ganz spartanisch ein: Fast könnte man sagen, er schafft neue Strukturen für sein Leben. „Das brauche ich alles nicht." Er räumt und räumt. Dann, endlich, nach Tagen, ist er zufrieden. Sein Verhalten hat Auswirkungen auf die Familie. Es findet Nachahmer.

Es ist soweit. Yu Te hat soviel trainiert, immer wieder auch gegen sich selbst gekämpft, er hat sich besiegt – und nun kann er alle seine Lehrer besiegen. Alle 35 Kammern des Shaolin-Wushu hat er geschafft. Als er selbst noch eine eigene Form präsentiert, einen eigenen Schwierigkeitsgrad, da nennen die Mönche diese Form die 36. Kammer der Shaolin.

Es ist ganz ruhig im Haus. Ich suche David. Er hat sich in sein Zimmer zurückgezogen und sitzt an seinem Schreibtisch. Vor sich hat er Fotos aus Shaolin. Es ist eine ganze Serie. Da ist zu sehen, wie er eine komplette Wushu-Form macht. Er sortiert die Bilder chronologisch, hat den gesamten Ablauf vor sich.

Auf einem anderen Foto ist er mit Su Yun zu sehen; er steht neben dem alten Mönch; Su Yun sitzt im Rollstuhl, das war die Zeit, als es ihm gesundheitlich nicht gut ging.

David ist so vertieft, daß er mich nicht bemerkt. Er betrachtet ernst die Bilder, streicht mit der Hand darüber. Dann nimmt er seinen kleinen Dickbauchbuddha und schaut ihn lange an. Ich glaube, mein Kind hat Heimweh nach Shaolin.

Durch den Fernsehfilm über David läßt es sich nicht verhindern: Viele Leute kennen und erkennen den kleinen Shaolin-Kämpfer. Überall ist er Thema, in der Schule, auf der Straße, am Domplatz. Was soll er machen? Er begegnet der Sache mit Humor. Wenn er nette ältere Damen sieht, die ihn am Dom beim Inline-Skaten beobachten, sich endlich ein Herz fassen und vorsichtig ansetzen: „Du, ich hab da mal eine Frage ...", dann fährt er elegant an ihnen vorüber und antwortet lächelnd: „Ja. Ich bin's."

Viele sprechen ihn an, manche jungen Leute kommen aus anderen Städten nach Köln, nur um ihn eventuell um den Dom herum zu treffen: „Bist du nicht der Junge aus dem Fernsehen?" oder „Ich möchte auch nach Shaolin. Ist das möglich?" In Erinnerung geblieben ist ihm auch ein ihm bis dahin unbekannter junger Schwarzer, der ihn am Ring gesehen hat. Er geht an David vorbei, hebt den Arm und sagt ganz selbstverständlich: „Hi, David!"

Als die Familie ihn in Shaolin abholte, wollte er wieder Anschluß finden an das Leben der jungen Leute in Deutschland: „Sag mal, Alex, welche Musik ist denn jetzt in Deutschland in?" und weiter: „Was mach ich denn, um eine Freundin zu finden?" Interessiert hört er den Tips des großen Bruders zu. „Und was macht man dann, wenn man eine Freundin hat?"

Jiaozi

Immer noch schrecke ich mitunter nachts aus meinen Träumen hoch, Träume, in denen David noch in China ist. Ich sehe ihn in seiner Zelle, ich fühle seine Einsamkeit, ich spüre Ängste. Haben wir ihn überfordert? Langsam schlafen wir ruhiger, wir begreifen, daß er gesund und munter zurückgekommen ist, es ist nicht mehr notwendig, Angst zu haben.

„Reich mir doch bitte mal das scharfe Messer und die Waage", sagt David zu Natascha. Sie assistiert ihm heute. Es gibt *Jiaozi*, die leckeren Teigtaschen, die wir in China schätzen gelernt haben. Der Teig ist bereits fertig. Während Natascha von der dicken Rolle, die unser Sohn geformt hat, Scheiben abschneidet und sie zu runden Fladen ausrollt mit der kleinen Teigrolle aus Marmor, die wir in Shaolin gekauft haben, kümmert sich der Chefkoch um die reizvolle Füllung. Er hat alles ordentlich bereitgelegt: den Chinakohl, die Zwiebel, das Gehackte, dazu noch Öl, Sojasauce und die Gewürze. „Weißt du", sagt er zu seiner Schwester und schneidet geduldig alles in klitzekleine Streifen und Stückchen, „immer, wenn es einen Feiertag gab im Kloster, dann hat mir der Koch ein paar *Jiaozi* extra gemacht. Sonst hab ich ja lieber Nudeln gegessen, aber *Jiaozi* mag ich auch so gern. Und dazu machen wir noch eine Eierblumensuppe..." Und dann füllen sie gemeinsam die Teigtäschchen, falten sie wie kleine Halbmonde und drücken den Rand zusammen. Natascha braucht für die Dekoration des Randes noch einen kleinen Löffel, aber David formt die *Jiaozi* mit der Hand. „Siehst du, so haben die Chinesen das immer gemacht." Mit einer Engelsgeduld arbeiten die beiden Experten, bis die berühmten Teigtaschen für die ganze Familie fertig sind. Da wir noch keinen chinesischen Dampftopf mit den typischen Bambuseinsätzen haben, nimmt David eben einen deutschen Kochtopf. Es gelingt vorzüglich. Inzwischen ist die Suppe auch fertig. Sie wird, wie immer in China, nach dem Essen *getrunken*. Unsere Kinder vergessen auch nicht chinesische Musik; und so sitzen wir alle über unseren Schälchen, hantieren mit den Eßstäbchen, loben die Köche für ihre großartige Leistung und denken etwas wehmütig an China.

Was ist geblieben?

„Ihr fragt, was Shaolin für mich bedeutet? Da kann ich nur sagen, es war ein einmaliges Erlebnis. Schwer war es schon, nicht zu schwer, aber sehr schwer. Ihr könnt euch vorstellen, daß das nicht so einfach war am Anfang, ganz allein in diesem Dorf. Ohne Familie. Aber es ging dann doch. Ich habe sehr viel gelernt in Shaolin.

Ich bin, glaube ich, viel geduldiger geworden. Aber das ist klar, ohne Geduld kannste in China nich' überleben.

Was mir besonders gut gefallen hat, war der Kontakt zu den Mönchen. Das war genau so, wie ich mir das vorgestellt habe. Andere Sachen, die waren total anders als meine Vorstellung, zum Beispiel das Alltagsleben und die Umgebung. Das alles kannte ich ja nicht. Und im Fernsehfilm über Su Yun, den ich vorher gesehen habe, da wirkte das nicht so, wie es dann in der Wirklichkeit war.

Aber der Grund, warum ich dahingegangen bin, das war ja, weil ich so einen Meister haben wollte, und den habe ich dann ja bekommen. Man kann sogar sagen, daß ich mehrere Meister hatte im Laufe des Jahres. Jüngere und ältere. Bei den alten Meistern fand ich toll, daß sie soviel wußten und so gute Lehrer waren.

Die jüngeren, also der Mönch Yan Lo zum Beispiel, der war ganz anders. Der war mehr ein Freund. Ja, ich kann sagen, ich würde immer wieder nach Shaolin gehen. Auch jetzt, wo ich genau weiß, wie es ist. Aber ich kann anderen nur raten, sie müssen ganz genau wissen, was sie wollen.

Jetzt gibt es viele Kinder und junge Leute, die alle dorthin wollen. Die sollen sich das aber gut überlegen. Ich weiß nicht, ob die das alle durchhalten. Denkt doch mal, wie das da ist im Winter. Außer Training in der Kälte hast du da keine Abwechslung.

Es fängt schon im Herbst an. Da regnet es viel. Ewig sind deine Sachen schmutzig. Die kriegst du gar nicht mehr sauber. Und dann haben wir auch immer im Matsch trainiert und sind gelaufen. Manchmal war es bitterkalt. Danach war ich dann oft allein in meinem Zimmer.

Wenn man sich nicht auch für das Kloster und die Meditation und die Menschen interessiert, dann sollte man nicht nach Shaolin gehen. Sich nur mit Kungfu beschäftigen für ein ganzes Jahr, das ist zu wenig.

Manchmal hat mir das nichts ausgemacht, so allein zu sein, aber manchmal war es ganz schön schwer. Im Frühling und im Sommer fand ich es leichter. Da waren viele Besucher da, am Abend war es noch hell, und wir haben viel unternommen. Ich hab das ja auch im Film erzählt, daß man da nicht immer an seine Mutter denken darf."

„Eigentlich", so sagt unser Sohn, „eigentlich finde ich, daß in allen Religionen viele Sachen ganz ähnlich sind. Man könnte meinen, es gab irgendwann nur eine Religion, dann sind die Menschen in verschiedene Himmelsrichtungen gewandert, haben ihre Religion und ihre Sagen ein bißchen abgeändert und langsam vergessen, was sie einmal alle geglaubt haben. Eigentlich glauben wir doch alle dasselbe, mit kleinen Unterschieden."

Wie sagte David: „In Shaolin, da habe ich gelebt. Einfach gelebt", und an anderer Stelle: „Ich habe mich im Kloster viel lebendiger gefühlt." Heute weiß ich, daß Shaolin für David sicher schwer war. Bestimmt hat er auch Heimweh gehabt. Und uns vermißt. Aber ich nehme heute an, daß er für seinen Verzicht sehr viel zurückbekommen hat.

David sagt zu seinem Vater: „Du, Papa, ich habe jetzt in dem einen Jahr auch alle chinesischen Feiertage einmal mitbekommen. Das hat mir gut gefallen. Erst habe ich noch nicht alles verstanden, also, warum die feiern und welche Bedeutung alles hat, aber ich habe die Mönche und die Freunde in der *Wushu*-Schule gefragt und nach und nach habe ich mehr Informationen darüber bekommen.

Also, erstmal haben die Chinesen einen anderen Kalender. Das Neujahrsfest ist nicht am 1. Januar wie bei uns, sondern heißt *Frühlingsfest* und dauert eine Woche. Da arbeitet kaum jemand in ganz China.

Offiziell beginnt jetzt zwar auch das neue Jahr am 1. Januar, aber für die meisten Chinesen ist immer noch das Frühlingsfest das größte Fest im ganzen Jahr. Das ist am ersten Neumond im Mondkalender. Es ist zwischen dem 21. Januar und dem 19. Februar, jedes Jahr an einem anderen Wochentag.

Die Lichter und Lampen, der Lärm und das Feuerwerk beim Frühlingsfest sollen die bösen Geister und Dämonen erschrecken. Man gibt den Verwandten und Freunden Glücksgeld aus rotem Papier und betet zum Küchengott. Zwei Wochen später feiert man dann als Abschluß das Laternenfest. Weißt du noch, Mama, wie wir in Shandong gefeiert haben? Wir waren doch in Jinan auf dem Jahrmarkt.

Im Sommer feiern die Leute in vielen Gegenden das Drachenbootfest. Schön ist auch das Mondfest im September oder Oktober. Das fanden die Kungfu-Schüler in Shaolin so lustig, da ißt man die Mondkuchen und findet dadrin Überraschungssprüche auf Zetteln. Die Chinesen glauben, daß die Ehen auf dem Mond vorbereitet und dann im Himmel geschlossen werden. Also, das muß was mit Liebe zu tun haben.

Und dann hatten wir noch große Feiern zu Buddhas Geburtstag. Da kamen noch mehr Besucher als sonst nach Shaolin."

Unser Sohn ist vollkommen gesund, er hat keinen einzigen Asthmaanfall mehr gehabt, keine Probleme mit einer Bronchitis, keine einzige Erkältung. Er wirkt größer, erwachsener. Er hat sich in gewisser Weise von der Familie gelöst, kehrt aber freiwillig zurück, als ein anderer.

Dieser Junge trägt auf massive Weise die Sinnfrage und eine neue Lebendigkeit in unsere Familie. Es geht nicht mehr um Fragen wie Religion oder das Leben nach dem Tode.

Die Familie wird viel offener für andere Einflüsse; die Polaritäten werden aufgehoben; jedem Familienmitglied wird seine – wenn auch begrenzte und dem Lebensalter entsprechende – Autonomie zugestanden, auch in Fragen der Religion. Kostbare Momente für unsere Familie, für die Beziehungen untereinander.

David geht neue Beziehungen ein, sehr aktiv. Er muß viel nachholen. Man könnte fast sagen, er hat eine neue Identität entwickelt. Bei weiteren Besuchen in Shaolin stelle ich fest, daß nicht nur Shaolin das Leben der Familie beeinflußt hat. David hat auch Spuren in China hinterlassen:

Es ist mitten in der Nacht. Plötzlich schrecken wir hoch. Das Telefon klingelt. Der Vize-Abt aus Shaolin ist am Apparat und möchte ein wenig plaudern. Er fragt, wie es uns geht und was David so macht. Er berichtet, daß die Mönche viel über David sprechen.

Sie wundern sich noch immer, wie dieses Kind durchgehalten hat. Shi Yong Xin sagt: „Wirklich, das kannst du mir glauben, ich habe gedacht, das ist gar nicht möglich. Wir hatten Sorge, daß David nach ein paar Wochen nur noch weinen würde und daß wir dann Probleme mit ihm bekommen.

Übt David jetzt auch noch? Er ist inzwischen ganz berühmt in China. Viele Leute kommen und fragen, wo denn der kleine Deutsche ist. Sie haben in Wuhan oder Xian, in Guangzhou oder Beijing von ihm gehört oder gelesen.

Mehrere Fernsehberichte gab es über David. Ich hoffe, ihr kommt bald mal wieder her. Zur Zeit ist gerade Su Yun mit einigen Mönchen in Deutschland. Hast du schon davon gehört?"

Ein wenig einsilbig – auch muß ich mein Chinesisch erst zusammensuchen – verneine ich. Zu diesem Zeitpunkt weiß ich noch nichts von der Sendung bei Stern TV. Mir ist kalt. Ich will wieder ins Bett. Da fragt er ganz besorgt: „Du bist doch okay? Oder bist du krank?"

„Nein", sage ich, „nur ein bißchen müde. Bei uns ist es gerade drei Uhr in der Nacht."

„Was, drei Uhr nachts?" Er kichert. Das findet er äußerst interessant, der Vize-Abt aus dem fernen Shaolin. „Grüß den kleinen Mönch von mir."

Pingdingshan

Ein wenig Sorge hatte ich natürlich gehabt am Anfang, als wir gefragt wurden, ob wir mit dem Film, der im Auftrag von WDR und Arte gemacht werden sollte, einverstanden sind. David als Medienereignis? Würde er Lust zu einem solchen Projekt haben? Ich hatte es mit ihm am Telefon besprochen. „Ach", hatte er gesagt, „laß sie ruhig kommen. Der Uli (Uli Franz, M.S.) war so nett. Wir haben uns prima verstanden. Dann kann ich denen alles zeigen in Shaolin."

Für mich war das nicht ganz so einfach. Welchen Einfluß konnten wir auf den Film nehmen? Was würde im Vordergrund stehen? Das Exposé des Autors fand ich sehr gut und konnte mich damit identifizieren, aber wie würde das fertige Produkt aussehen?

Im Film später würde David sagen: „Ich bin auch immer gerne mal woanders hingereist. Ich wollte was Neues sehen." Das konnte ich verstehen. Der Abt hingegen war nicht so glücklich, weil David solche Entscheidungen einsam und alleine traf.

Es wurde ein sehr schöner, sensibel gemachter Film. Er zeigte David als ernsthaften kleinen Mönch, aber auch als verspieltes Kind, als einen normalen Jungen, der auch mal ein paar Tage ohne Erlaubnis von Shaolin verschwand, der irgendwann nicht mehr so regelmäßig am Training teilnahm, weil ihm die Teilnahme am Kampfsport allein nicht ausreichte.

Wir fanden, daß der Film sehr viel Atmosphäre eingefangen hat, ja, und dann die Bilder, die Aufnahmen von der Landschaft, von Sehenswürdigkeiten, vom Kloster und den Menschen.

Eine phantastische Kameraführung. Eine feinfühlige Berichterstattung. Was wir aber nicht ahnen konnten: welches Echo der Film auslöste. Einer meiner Brüder sagte: „Wann immer du das Fernsehen einschaltest, gibt es Davids Film oder ein Interview mit ihm zu sehen." Der andere Bruder, der in Frankreich lebt, sammelte alle Zeitungsartikel, die in französischer Sprache erschienen waren. Für David selbst war die Zeit schwierig.

Es ist Samstag vormittag. Der Postbote klingelt. Er bringt ein Päckchen. Aus China. Die Familie versammelt sich neugierig um den Tisch. Aha, ein Video aus Pingdingshan. Das war der Ort, an dem David mehrere Wochen Urlaub gemacht hatte. Ohne Genehmigung des Abtes. Wir sind dann auch dorthin gereist, eingeladen von der Lehrerin Wu, bei der David besonders gerne war. Gemeinsam schauen wir das Video an.

David spricht mit seinen Freunden über Pingdingshan: „Da hat es mir so gut gefallen. Ich fand es cool, daß alle so nett zu mir waren, besonders die Lehrerin, Frau Wu, aber auch ihre Schwester. Die ist da Direktorin von der Schule.

Ich war einmal mehrere Wochen da. Das war richtig toll. Wir haben auch trainiert. Frau Wu hat ein wunderbares Wushu. Ich habe auch von ihr viel gelernt. Früher war sie selbst in Shaolin. Sie kennt auch den Vize-Abt gut.

Als sie wußten, daß meine Eltern mich abholen, da haben sie sofort diesen Plan gehabt mit dem Schulfest. Sie haben gesagt: ‚Und dann kommt ihr alle zusammen in die Schule, wir feiern gemeinsam, dann seid ihr unsere Ehrengäste.'

Schon früh am Morgen holten uns die Direktorin und die Lehrer von unserem Hotel in Pingdingshan ab. Bereits morgens um 8 Uhr war es über 30 Grad heiß. Der Schweiß läuft dir dann in Strömen herunter. Wir wurden zuerst in einen kühlen Raum gebracht, bekamen immer wieder frisches Obst und kühle Getränke, dann kam ein Schüler, der hatte den Auftrag, Fotos zu machen. Ein anderer, der machte die Videoaufnahmen.

Und einige Schüler haben viele Fragen an uns gestellt, sie wollten auch einen Artikel über uns schreiben. Wir mußten längere Zeit warten, weil der Strom ausgefallen war. Das passiert oft in China. Ich hab es in Shaolin erlebt, aber dann auch in Pingdingshan. Als es endlich richtig losging, holten sie uns ab in diesem kühlen Raum, und da waren die Eltern und Schüler schon alle da. Wir hatten alle einen Stuhl, aber die anderen, die hatten keinen Sitzplatz, die haben gestanden in der Hitze.

Die Schüler haben gesungen und sind marschiert, aber dann haben die Lehrer gemerkt, es war viel zu heiß, das ging nicht da draußen, dann sind wir alle in die neue Turnhalle gegangen. Da war es ein bißchen besser. Nicht ganz so schwül. Die Kinder tanzten dann auf dem Betonboden, sie malten, sie spielten auf Musikinstrumenten.

Ich hab auch mitgemacht. Ich habe Kungfu-Formen gezeigt. Das Programm war ziemlich lang. Später, als es zu Ende war und die anderen Besucher alle gegangen waren, da haben wir mit den Lehrern noch eine Party gefeiert auf dem Schulhof. Das war so toll. Und weil es keinen Strom gab, da haben sie am Abend eine Leitung gelegt von der Nachbarsiedlung bis zur Schule, und dann hatten wir Licht. Die Lampe war an einem alten Bettgestell befestigt, das stand auf dem Schulhof, wir haben da wunderbar gegessen, die Lehrer und Lehrerinnen haben alles vorbereitet.

Sie müssen den ganzen Tag gekocht haben. Sie hatten auch Sprüche auf Melonen geritzt, da stand dann zum Beispiel:

‚Wir lieben euch!', oder ‚Auf die Freundschaft zwischen Deutschland und China!'

Dann haben wir Lieder gesungen, chinesische, deutsche und ein paar englische, die alle kannten. Sie haben dann die Instrumente nach draußen geholt. Wir haben alle ein bißchen auf den chinesischen Instrumenten geübt. Papa hat eine Melodie auf der *Erhu* gelernt, das ist ein Streichinstrument mit zwei Saiten; ich habe auf einem Schlagzeug gespielt. Mitten in der Nacht erst haben wir aufgehört.

Am nächsten Tag waren wir bei der Familie eines Bergwerkdirektors eingeladen. Ich war da schon ein paar Mal. Sie haben eine kleine Tochter, nur ein Kind, Chinesen sollen nur ein Kind haben, weil es so viele Menschen gibt in China. Das kann man voll verstehen, wenn man die großen Städte sieht. Also, wir kamen dann zu der Familie, die waren unheimlich nett, es gab viel zu essen und zu trinken.

Dann haben die uns das Haus gezeigt. Das ist ganz selten in China, daß eine Familie ein ganzes Haus hat, meistens haben die Leute nur zwei, höchstens drei Zimmer. Aber da wohnen ganz viele Leute. Manchmal sechs Personen, die Großeltern, die Eltern, noch eine Tante und ein Kind. Aber die Familie von dem Bergwerksdirektor, die waren sehr schön eingerichtet, die hatten Ledermöbel, eine ganz tolle Stereoanlage, einen großen Fernseher und so weiter.

Das Interessanteste war das Bad. Das war sehr schön, und da hatten sie eine Toilette wie in Deutschland, aber die war in den Boden eingelassen, weil die Chinesen sich meistens hinhocken oder hinstellen, also, du weißt schon. Das Bad war ganz gekachelt, direkt luxusmäßig.

Und im Hof hatten sie Weintrauben. Wir sind hochgeklettert, haben die Trauben gepflückt, meine kleine Schwester hat besonders viele gepflückt und dann gegessen. Im Wohnzimmer hingen große Fotos von der Frau, die war so schön, und da hat der Mann diese Fotos machen lassen. Wie ein Fotomodell war sie.

Ich fand das lustig. In Ländern, wo weiße Menschen leben,

da wollen doch alle schön braun werden und geben viel Geld aus für die Sonnenbank oder liegen stundenlang in der Hitze am Strand. Aber die Chinesen, die wollen alle ganz weiß werden und kaufen Cremes, um heller zu werden. Und diese junge Frau, die fragte immer: „Findet Ihr, daß ich zu dunkel bin?" Dabei fanden wir das gerade so schön. Aber sie war ganz unglücklich.

Wir waren nicht nur da. Ich hab so viele Familien zu Hause besucht. Wir waren auch bei der Familie von einem Polizisten. Die hatten nicht soviel Geld, aber sie waren genauso gastfreundlich. Sie haben den ganzen Tag gekocht, der Tisch war voller Essen. Die Möbel waren auch nicht ganz so schön und teuer, aber sie hatten einen deutschen Kühlschrank von *Liebherr*, der stand im Wohnzimmer.

Die Couchgarnitur hatten sie gebraucht bekommen, die war schon abgenutzt. Aber ich habe mich da genauso wohlgefühlt wie bei den reicheren Leuten. Alle waren so nett. Bei einem Besuch vorher bei dem Direktor, da hatte mich der Hund gebissen, es war nicht so schlimm, aber sie haben so einen Schrecken bekommen, weil ich doch Ausländer bin, und da hatten sie richtig Angst um mich, und sie sind mit mir zum Krankenhaus gefahren, und ich habe eine Spritze bekommen, und dann haben sie sich immer erkundigt, wie es mir geht. Also, das fand ich total nett."

Es gibt viele solcher Situationen, die uns an China erinnern: Briefe, Telefongespräche, Touristen, die von Shaolin zurückkehren und uns besuchen. Und natürlich der Fernsehfilm und die vielen Journalisten ...

David wollte keine Klischees. Er wollte auch nicht herausgehoben sein, anders sein als die anderen. Was er getan hatte, fand er „total normal". Du hast einen Traum, sprichst mit deinen Eltern darüber – und dann machst du es. So sah er seinen China-Aufenthalt.

Die chinesischen Touristen schauten dem Fernsehteam interessiert zu, wenn der Kameramann sein Stativ aufbaute.

Auch die Mönche waren recht neugierig, und alle waren kooperativ, auch der Vize-Abt. So eine Gelegenheit, für das Kloster Werbung zu machen, darf man nicht ungenutzt verstreichen lassen.

An Davids Gymnasium gibt es eine Chinesisch-Arbeitsgemeinschaft, an der David teilnahm. Zwei Kölner Gymnasien haben eine Schulpartnerschaft mit einer Schule in Beijing, mit der Fünfundzwanzigsten Mittelschule. Die Schüler und Lehrer besuchen sich gegenseitig. Zum Abschluß der AG gibt es für die Schüler, sozusagen als Belohnung für die Mühe des Lernens, eine Reise nach China; so kam es, daß David innerhalb des Austauschprogramms wieder zwei Wochen in China war.

Wie hatte David in Shaolin immer wieder darum gebeten, daß er auch Chinesisch schreiben und lesen lernen dürfe; aber darauf war man nicht eingeangen. Ein alter Mönch hatte ihm einige Zeichen vermittelt; er konnte seinen Namen schreiben, Kloster Shaolin, China etc.

Wahrscheinlich waren die Lehrenden in Shaolin nicht in der Lage, Chinesisch als Fremdsprache zu unterrichten, zumal alle anderen chinesischen Schüler ja schon jahrelang schreiben und lesen gelernt hatten; es gab praktisch keine Anfänger in dieser Disziplin außer David. So wurde aus diesen Plänen nicht viel in Shaolin.

David hat sich auch so gut durchgeboxt. Nun lernt er mühevoll in der Chinesisch-AG die Zeichen, die er gut verstehen und sprechen kann, auch zu schreiben und zu lesen. Er freut sich auf China, in Beijing wird er in der Familie seines Gastbruders wohnen, der dann im nächsten Jahr nach Köln kommen und bei uns wohnen wird. In Beijing treffe ich David.

Wir sind bei Davids Gastfamilie eingeladen. Es gab zunächst selbstgepreßten Saft und dann Gebäck bei unserem kleinen Höflichkeitsbesuch. Dann schälte der Vater dicke Äpfel („Die kommen aus der Provinz Shandong, das sind die besten!") und versorgte uns damit.

Sie zeigten uns die Wohnung, waren sehr gastfreundlich und berichteten mir dann, daß sie sich um David viele Sorgen machen würden, er wollte so gern allein durch ganz Beijing streifen, das ginge doch nicht, er als kleiner Ausländer.
Alle wußten bereits von seinem Aufenthalt in Shaolin. Das fanden sie ganz großartig, aber für ihren einzigen Sohn konnten sie es sich nicht vorstellen.

„Die Gastfamilie hat eine Zweizimmerwohnung, wie die meisten Leute in China", erzählt David später seinen Freunden. „Aber da wohnen oft viele Menschen. Manchmal auch die Großeltern. Mein Gastbruder war ganz in Ordnung. Wir haben uns prima verstanden. Auch die Gasteltern waren so nett, aber manchmal war mir das zuviel. Ich durfte ja nix allein.

Die haben immer gedacht, ich komme unter ein Auto oder falle unter die Räuber. Dabei finde ich, daß es in China sehr sicher ist. Ich kann mir da schon helfen.

Klar, ich verstehe die Leute, die wollten so gut auf mich aufpassen, damit nur ja nichts passiert. Ich finde das auch lieb von denen, aber ich habe auch gesehen, daß wir in Deutschland ganz anders erzogen werden. Das konnte man auch gut merken, als wir in Beijing in der Partnerschule waren. Die Fünfundzwanzigste Mittelschule ist schon eine Superschule. Wir haben auch am Unterricht teilgenommen. Die Schüler antworten nur, wenn sie gefragt werden. Sie sind sehr ruhig, der Lehrer erklärt was, und die Schüler beantworten Fragen.

Sie lesen auch viel aus den Büchern laut vor. Und sie lernen immer auswendig. Große Mengen.

Also, das ist total anders als bei uns. Aber es war alles sehr interessant."

Heimweh nach Shaolin

„Würdest du nochmal nach China fahren?" frage ich meinen Sohn Michael.

„Jederzeit. China war für mich eine gute Erfahrung, eine solche Kultur kann man nur verstehen, wenn man sie selbst kennengelernt hat. Natürlich verstehen wir auch jetzt noch nicht alles, aber ich würde sofort nach China fliegen, unter anderem auch, um wieder in die fremde Kultur einzutauchen. Heute ist mir das Chinesische nicht mehr fremd, das, was vorher unverständlich war, kann ich jetzt besser einordnen. Und für die Beziehung zwischen David und uns war sein Jahr in Shaolin auch ganz wichtig."

„Was bedeutet für dich Shaolin?"

„Die Mönche, die den Buddhismus leben, die haben mich sehr beeindruckt."

Früher war die Beschäftigung mit verschiedenen Religionen in unserer Familie eher kopflastig. Heute fühlen wir uns stärker in diese Fragen hinein, versuchen emotional nachzuvollziehen, was Chinesen in bezug auf den Buddhismus, die traditionelle Medizin, ihre Kultur empfinden.

Waren zunächst die Tore des Shaolin-Klosters verschlossen, so erleben wir, daß sie uns jetzt weit offenstehen. David ist hindurchgegangen durch einige der Kammern von Shaolin. Ich erinnere mich an eine Szene zu Beginn des Fernsehfilms, in der unser Sohn die Tore selbst aufstößt.

Immer tiefer dringt er vor in die geheimnisvolle, spirituelle Welt. Aber er hat auch uns Einblicke ermöglicht, Einblicke, die viel tiefer gingen, als wir zunächst erwartet hatten. Wir haben den Alltag der Menschen, die Kultur, die Geschichte, die Religion, das Dorfleben, das Kloster kennengelernt, haben Freunde gefunden in einer zunächst fremden Umwelt.

Wir haben nicht nur viel über die fremde Kultur gelernt, uns intensiv damit beschäftigt; auch über unsere eigene Kultur und Gesellschaft haben wir neue Erkenntnisse gewonnen, vieles sehen wir neu, bewerten es anders.

„Hast du nicht Lust", so fragt eine chinesische Qigong-Lehrerin, „hast du nicht Lust, selbst einen Kurs in Shaolin-Kungfu zu geben, David?" Zunächst ist seine Reaktion ablehnend: „Das kann ich doch gar nicht. Da muß ich noch viele Jahre trainieren." Sie macht ihm Mut:

„Ich habe da an einen Kinderkurs gedacht. Die Kinder freuen sich bestimmt. Alle haben den Film über dich gesehen." Kurze Zeit darauf bespricht er bereits mit seiner kleinen Schwester ein pädagogisches Konzept, ganz ernst.

Zunächst kommen die Aufwärmübungen, „dann bist du viel lockerer im Körper und kannst langsam die schwierigeren Formen lernen." Sie knien auf dem Boden, stecken die Köpfe zusammen und arbeiten gemeinsam Zeichnungen für die Übungsabfolge aus.

Von nun an wird Yu Te sein Können und Wissen an die Menschen außerhalb des Klosters weitergeben. Das Ziel, die Aufgaben der Shaolin-Mönche erfolgreich zu bestehen, war allerdings nur sein Weg. Von nun an wird er viele Menschen im alten China unterweisen. Er ist ein echter Shaolin-Kämpfer geworden.

David sagt: „Das ist eine spannende Geschichte, die Story von den 36 Kammern der Shaolin. Den Film habe ich mehrmals gesehen. Ich finde interessant, wie dieser junge Mann ins Kloster geht; um den Armen im Land zu helfen; weil er unterwegs verletzt wurde, dort aufgenommen wird und so gut lernt, daß er am Ende der beste ist. Er darf bleiben und trainiert die Kampfkunst der Shaolin-Mönche. Als die Rebellen später die Bösen mit seiner Hilfe besiegt haben, kehrt er ins Kloster zurück.

Er darf eine eigene Kammer eröffnen. Dann ist er der Meister der 36. Kammer. Ich finde nicht nur die Handlung gut, sondern auch den Charakter von Yu Te. Es gefällt mir, wie er den Guten hilft, wie das halt in Filmen üblich ist. Er trainiert so hart, er wird ein richtiger *Shaolin-Kämpfer*."

Die ganze Familie hat Heimweh nach Shaolin, dem Ort, der für alle eine große Herausforderung war. Die Beschäftigung mit der fernen Kultur, mit anderen philosophischen Ansätzen war wichtig für uns alle, es war auch eine Chance, mehr über sich selbst zu erfahren und in einen Veränderungsprozeß einzutreten.

„Willst du denn noch einmal nach China gehen?" wird David oft gefragt. Das Geld für weitere Reisen liegt bereit, er hat es sich selbst verdient mit seinem Film, den Interviews und Fernsehauftritten.

Er ist ganz sicher, daß er noch oft in Shaolin sein wird, wenn auch nicht für ein ganzes Jahr, so doch für Wochen; er wird seine Freunde, die Mönche, besuchen, wieder Chinesisch sprechen, bei den Händlern vorbeischauen und all die guten Sachen frühstücken, hart trainieren, außer montags, meditieren am Teich des Drachen, nahe beim Wasserfall, er wird hinaufsteigen zur Höhle des Damo dort oben im fernen Songshan-Gebirge. David wird zu Hause sein in Shaolin. Nächstes Jahr will er wieder hin.

Chinas Dynastien auf einen Blick:

Xia-Dynastie, 21.-16. Jh. v.Chr.

Shang-Dynastie, 16.-11. Jh. v.Chr., Hauptstädte: Zhengzhou, Anyang

Zhou-Dynastie, 1027 - 221 v.Chr., Hauptstädte: Xi'an, Luoyang

Qin-Dynastie, 221 - 206 v.Chr., Hauptstadt: Xi'an

Han-Dynastie, 206 v.Chr. - 220 n.Chr., Hauptstädte: Xi'an, Luoyang

Drei Reiche, 220 - 265 n.Chr.

Jin-Dynastie, 265 - 420 n.Chr.

Nördliche und Südliche Dynastien, 265 - 589 n.Chr.

Sui-Dynastie, 589 - 618 n.Chr., Hauptstädte: Xi'an, Yangzhou

Tang-Dynastie, 618 - 907 n.Chr., Hauptstadt: Xi'an

Fünf Dynastien, 907 - 960 n.Chr.

Song-Dynastie, 960 - 1280 n.Chr., Hauptstädte: Kaifeng, Hangzhou

Yuan-Dynastie, 1280 - 1368 n.Chr., Hauptstadt: Beijing

Ming-Dynastie, 1368 - 1644, Haupttädte: Nanjing, Beijing

Qing-Dynastie, 1644 - 1911/12, Hauptstadt: Beijing

Glossar

Abakus (chin. suanpan): Rechenbrett, auf dem man in Windeseile mit den vier Grundrechenarten operieren kann.

Avalokiteshvara: der Gott der Barmherzigkeit, der Gnade; er wird oft mit mehreren (bis zu elf) Köpfen dargestellt; die weibliche Form ist die Göttin *Guanyin* (siehe dort).

Bai Ma Si, Tempel des Weißen Pferdes, 8 km nördlich und 13 km östlich von *Luoyang* gelegen. Früher stand hier ein Kloster, das eines der ersten buddhistischen Klöster in ganz China war. Die heutige Anlage stammt aus der *Ming-Dynastie*. 1950 wurde das Kloster restauriert. Vieles mußte dabei völlig neu erbaut werden. Zwei indische Mönche brachten die buddhistischen Schriftrollen nach Luoyang und übersetzten sie ins Chinesische.

Bai Yi Dian (Halle der Weißen Robe): die Trainingshalle der Shaolin-Mönche im Kloster. 48 Vertiefungen sind im Steinboden zu sehen; sie sollen durch das ständige Training (Aufstampfen) entstanden sein. Ein Gemälde darin zeigt den Kampf der 13 Shaolin-Mönche aus der Tang-Dynastie, der Gründungszeit des Klosters. Das Gemälde heißt: *13 Mönche retten den Kaiser.*

Bodhidarma: indischer Mönch (480-528), der den Zen-Buddhismus nach China brachte (erster Patriarch des Zen-Buddhismus in China), meditierte 9 Jahre lang im Songshan-Gebirge, oberhalb des Klosters Shaolin, entwickelte Techniken, die später zu den berühmten Kungfu-Formen weiterentwickelt und ausgebaut wurden. Die Chinesen nennen ihn *Damo*.

Bodhisattva: (Sanskrit): Buddhistische Heilige oder Erleuchtete, die die letzte Inkarnation erreicht haben und ins *Nirvana* eingehen könnten. Stattdessen bleiben sie aus freien Stücken auf der Erde, weil sie den Menschen helfen wollen, die Erleuchtung zu erlangen...

Buddha (Sanskrit): 1. Jeder Erleuchtete ist ein Buddha. 2. Der historische Buddha war Siddharta Gautama. Die Daten sind umstritten; er lebte ca. 563-483 v. Chr. (nach neueren Erkenntnissen ca. 115 Jahre später) und kam aus dem Geschlecht der *Shakya*. In der Nähe von Benares in Indien formulierte er die wichtigsten Inhalte seiner Lehre.

Buddhismus: Im ersten Jahrhundert nach Christus gelangte der Buddhismus über die großen Handelswege, die *Seidenstraße*, nach China. Einige Kloster wurden gegründet, zunächst interessierten sich nur kleine Gruppen für die neue Lehre. Später (im 4.-6. Jahrhundert) beschäftigten sich chinesische Denker intensiv mit ihr. Um Einfluß zu gewinnen, mußte der Buddhismus sich an chinesisches Denken anpassen.

BUND (anglo-indisch): die Uferstraße in Shanghai am Huangpu-Fluß. Frühmorgens trainieren hier viele Chinesen ihr *Kungfu*, den Kampfsport, aber auch Tai qi, das Schattenboxen, ihren Schwerterkampf; viele tanzen zu Disco-Musik.

*Chan (*chin. für *Zen): Bodhidarma* (siehe dort) brachte den Zen-Buddhismus nach China. Die Chinesen nennen diese von *Damo* gegründete Richtung des Buddhismus *Chan*. Chan-Buddhismus wird auch als Meditationsbuddhismus bezeichnet.

Chinesische Oper: Die chinesische Oper hat eine Vielzahl von Stilen, sie sind teils regional unterschiedlich. Im Westen ist die Beijing-Oper (Peking-Oper) die bekannteste. Die Opern folgen einem strengen Aufbau- und Ordnungsschema, wenn sie auch für westliche Zuschauer oft unverständlich bleiben. Die Formen sind ritualisiert, die Gesten bleiben angedeutet. Historisch gehen diese Opern auf Theatergruppen zurück, die im Land umherzogen. Sie spielten in Teehäusern, auf Märkten, sogar in Tempeln. Die 4 Rollentypen sind die männliche Rolle, die weibliche Rolle, der Komiker, die Maske. Den Komiker zum Beispiel erkennen die Zuschauer an einem weißen Fleck auf der Nasenwurzel. Alle Personen auf der Bühne gehören zum einen oder anderen Typ.

Damo: chinesische Bezeichnung des *Bodhidarma* (siehe dort).

Damohöhle: In 1450 m Höhe gelegene Höhle in Shaolin. Hier soll der indische Mönch 9 Jahre lang meditiert haben. Es gibt einen Steinabdruck (Kopie); darauf erkennt man einen älteren Mann mit Bart. Es soll Damo sein.

Danwei (chin.): Einheit, eine Gemeinschaft, zum Beispiel die Gesamtheit der Mitarbeiter eines Betriebes, eines Wohnviertels etc. Die Einheit sorgt für ihre Mitglieder, die Gruppe ist ziemlich straff organisiert.

Daoismus: Fast zur gleichen Zeit wie der Konfuzianismus entstand der Daoismus. Als Begründer gilt Laozi. Das Dao (chin.: Weg) ist eine in allem wirkende Kraft, die im Verschmelzen mit der Natur erfahren wird. Der Daoist gewinnt Erkenntnisse, die der normal Sterbliche nicht bekommen kann. Diese chinesische Naturphilosophie entwickelte sich zu einem vielschichtigen Volksglauben.

Dian: (chin.) Halle, Tempelhalle

Dschunke: chinesisches Segelfahrzeug für Fluß- und Seeschiffahrt; flacher Schiffsrumpf, meist mit Deckaufbauten, bis zu fünf Masten; Segel meist aus Bastmatten, mit Bambusrohr verstärkt.

Fo: chinesische Bezeichnung für *Buddha* (siehe dort und *Mile Fo* und *Maitreya*).

Frühlingsfest: Der Beginn des neuen Jahres nach dem Mondkalender, das höchste Fest der Chinesen. Der auch bei uns übliche Sonnenkalender mit dem Neujahrsfest am 1. Januar ist heute der in China verbindliche. Das eigentliche Neujahrsfest ist für Chinesen jedoch bis heute das Frühlingsfest. In ganz China feiert man ca. eine Woche mit Freunden und Verwandten und scheut weder Wege noch Mühen. Das ganze Land scheint auf den Beinen.

Guanyin: Bodhisattva des grenzenlosen Mitleids, Göttin, weibliche Form des *Avalokiteshvara*

Jadebuddhatempel: (chin. Yu Fo Si) Tempelanlage in Shanghai, 1911 - 1918 erbaut. Darin befinden sich unter anderem 2 Jadebuddhas aus Burma, die 1882 aus Burma in die Provinz Zhejiang gebracht worden sind.

Kalligraphie: (griech. die Kunst des Schreibens, Schönschrift) In China gehört die Kalligraphie zu den wichtigsten Künsten (neben Musik und Dichtkunst). Man schreibt (malt) mit einem Pinsel und Tusche die chinesischen Schriftzeichen. Damit sollen Stimmungen, Empfindungen, Gefühle ausgedrückt werden. Pinsel, Tusche, Papier und Reibstein sind die ‚Kostbarkeiten im Zimmer eines Gelehrten'.

Konfuzianismus, siehe *Konfuzius*.

Konfuzius (chinesisch Kongzi oder Kong Fuzi, 551-479 v. Chr.): chinesischer Philosoph aus Qufu, heutige Provinz Shandong. Der Inhalt seiner Lehre ist die Organisation der menschlichen Gesellschaft. Seine strenge Morallehre sieht das Ideal in einer hierarchischen Weltordnung.

Kungfu, chin. *Wushu* (siehe dort).

Laozi: gilt als Begründer des Daoismus in China (siehe auch: Daoismus). Seine Lebensdaten sind unklar, zwischen dem 6. Jh. v.Chr. und ca. 300 v.Chr.; möglicherweise war Laozi überhaupt keine historische Persönlichkeit. Ihm wird das

Dao De Jing zugeschrieben, das „Buch vom Weg und der Tugend". Es handelt sich hierbei um das grundlegende Buch des Daoismus.

Longmen-Grotten (chin. für Drachentor-Grotten): In der Wei-Dynastie verlegten die Herrscher ihre Hauptstadt nach Luoyang. In der Folge wurden mehr als 2000 buddhistische Höhlen und Grotten gebaut und mit mehr als 100 000 Skulpturen ausgestaltet. Vieles wurde während der ersten Buddhisten-Verfolgung im 9. Jahrhundert zerstört. In der chinesischen Kultur ist es nie darauf angekommen, Kunstwerke in kurzer Zeit zu erschaffen, die Ergebnisse selbst zu erleben. So hat auch die Ausgestaltung der vielen Grotten hier bis ins siebte Jahrhundert gedauert. Viele Jahre haben sie gebraucht, um nur eine einzige Höhle zu gestalten, haben fast nur im Halbdunkel gearbeitet, bei Kerzenlicht; oder sie haben in schwindelnder Höhe bei Wind und Wetter die Außenwände geformt und bemalt.

Die ältesten Darstellungen sind noch zweidimensional. Ähnlich phantastische Grotten gibt es nur noch in Dunhuang (Provinz Gansu) und Datong (Provinz Shanxi). Man stelle sich vor, unter welchen Bedingungen hier die gläubigen Mönche und die vielen Kunsthandwerker gearbeitet haben.

Die Schäden durch Erosion an diesen Kunstwerken waren in all den Jahrhunderten geringer als die durch Plünderungen von Besuchern in den letzten zweihundert Jahren – eine traurige Bilanz. Besonders nordamerikanische und europäische Museen oder auch Privatsammler besitzen heute die schönsten Skulpturen der Longmen-Grotten.

Besonders beeindruckend ist die individuelle Ausgestaltung der *Buddha*-Figuren und der *Bodhisattvas.*

Hier, bei den jüngeren Skulpturen aus der *Tang-Zeit,* sind vor allem dreidimensionale Hochreliefarbeiten zu sehen, die wunderbar plastisch wirken.

Luohan: ein Mönch, der bereits die Erleuchtung erlangt hat. Buddhistischer Heilige, Schüler *Buddhas*. Es gibt Darstellungen mit 16, 18 oder, besonders in China, mit 500 Luohans, die Buddha zur Seite stehen.

Luoyang: Die Stadt *Luoyang* hat eine 6000 Jahre alte Geschichte. Ihr alter Name war *Luoyi*. Es muß eine wunderbare alte Stadt gewesen sein, mit einer kaiserlichen Universität und Bibliothek; eine der vielen Millionenstädte, die es in China schon vor Jahrtausenden gab. Außerdem sollen in *Luoyi* in der *Zhou-Dynastie* besonders viele Historiker, Dichter, Astronomen und andere Wissenschaftler gelebt haben.
Auch später, als Luoyang nur zweiter Regierungssitz war, blieb es wissenschaftliche und kulturelle Metropole. Bis zum Ende des 10. Jahrhunderts n.Chr. erlebte die Stadt eine friedliche Blütezeit.
Dann begann der Einfluß zu schwinden; immerhin war Luoyang vom 13. Jahrhundert bis 1949 Hauptstadt der Provinz Henan. Dann erst wurde Zhengzhou Hauptstadt. Wenn man heute in Luoyang nach Spuren dieser Blütezeit sucht, wird man enttäuscht. Die glorreiche Zeit dieses ehemaligen Zentrums des kulturellen und religiösen Lebens ist unwiderruflich vorbei. Geblieben ist die wunderschöne Altstadt.

Maitreya: Buddha der Zukunft. Nach dem Glauben der Buddhisten soll dieser Buddha 4000 bis 5000 Jahre nach dem historischen Buddha auf die Welt kommen. Er wird die Lehre neu verkünden. *Maitreya* wird oft auch als *Mile Fo*, als lachender Dickbauchbuddha (siehe dort) dargestellt.

Meditationsbuddhismus, siehe Chan.

Mile Fo: Dickbauchbuddha. Der lächelnde Buddha ist so dick, weil er das Leid der ganzen Welt in sich aufgenommen hat (siehe auch Maitreya).

Ninja: Kämpfer im japanischen Kampfsport.

Nirvana (wörtlich Aushauchen/Verwehen): Wenn der Mensch den Kreislauf der Wiedergeburten durchbrochen hat, geht er ein in die Leere, das Nichts, das *Nirvana*. Damit geht er im Absoluten auf.

Pagode: Indische Erinnerungsmale oder Gedenksteine (über Reliquien) heißen Stupa (siehe dort); Pagoden sind die ostasiatische Form davon. Die Bauwerke, die sich nach oben verjüngen, haben mehrere Stockwerke. Der Grundriß kann quadratisch oder polygonal (vieleckig) sein.

Peking-Oper, siehe Chinesische Oper.

Pudong: eine Sonderwirtschaftszone in Shanghai, gegenüber dem Bund, am Ostufer des Huangpu-Flusses. Pudong ist die größte Wachstumszone Asiens. Nach dem Willen der Stadtplaner von Shanghai sollen nach dem Jahr 2000 hier noch einmal so viele Menschen arbeiten und leben wie im alten Shanghai.

Putuo Shan, Insel nahe Shanghai: Die kleine Insel (12 Quadratkilometer) erhebt sich aus dem Ostchinesischen Meer. Hier liegt einer der vier Heiligen Berge des *Buddhismus* (das sind der *Emei Shan*, der *Wutai Shan*, der *Jiuhua Shan* und der *Putuo Shan*) und ist übersät mit Klöstern. 3000 Mönche sollen hier einmal gelebt haben.
Die Insel ist der *Bodhisattva Guanyin* geweiht, einer weiblichen Form des Erleuchteten, die Göttin der Barmherzigkeit, und die Verkörperung des *Bodhisattva Avalokiteshvara*. Man betet auch ganz gern zur *Guanyin*, wenn man sich Kinder wünscht. Dem Vernehmen nach soll die Dame früher recht kämpferisch gewesen sein.

Qi: chin. Kraft, Energie

Qian Fo Dian (Tausend-Buddha-Halle): die berühmteste Halle im Kloster *Shaolin*. Hier findet man Malereien aus der Ming-Dynastie mit 500 *Luohans* (Schülern Buddhas), siehe auch *Luohan*.

Schattenboxen, siehe *Tajiquan*.

Seidenstraße: Waren wie Jade und Seide gelangten mit Kamelkarawanen über die sagenumwobene Seidenstraße entlang der Städte und Oasenstützpunkte von China in das Römische Reich. Aber nicht nur Güter wurden ausgetauscht, sondern auch Nachrichten und Gedankengut. Es gab im Altertum eine nördliche und eine südliche Seidenstraße.

Shakya: Familie, Geschlecht des historischen Buddha

Shakyamuni: (Sanskrit: Heiliger von Shakya), damit ist Siddharta Gautama gemeint, der historische Buddha.

Shanghai, Hafenstadt an der Ostküste Chinas: Über 15 Millionen Einwohner. Eine Stadt, in der die Gegensätze besonders krass aufeinanderprallen: Der futuristisch anmutende Fernsehturm zum Beispiel ist zur Zeit mit seinen 468 Metern das höchste Gebäude in Asien und das dritthöchste der Welt. Gleichzeitig haben viele der Hochhäuser chinesische Elemente in ihrer Fassade oder im Inneren, aber viele Menschen leben auf der Straße.

Shaolin: Berühmtestes Kloster in China, ca. 45 km südöstlich von Luoyang in der Provinz Henan im Songshan-Gebirge gelegen; im Jahre 495 gegründet, immer wieder neu aufgebaut; zuletzt 1928 durch ein Feuer zerstört; heute leben nur noch ca. 64-84 Mönche hier. Mit ihrer Kampfkunst (*Shaolin-Wushu* oder *Shaolin-Kungfu*) sollen 13 Mönche *(Shaolin-Kämpfer)* den Kaiser Li Shimin (Regierungsname Tai Zong) verteidigt haben.

Siddharta Gautama, siehe Buddha.

Songshan: eines der mythenumwobenen Gebirge Chinas in der Provinz Henan, ca. 60 km südöstlich der ehemaligen Hauptstadt Luoyang. Auf der Höhe von ca. 1200 m liegt das Kloster Shaolin (siehe dort), das Gebirge ist ca. 1440 Meter hoch.

Stele: Steinplatten oder Säulen, die mit Inschriften oder Bildern versehen sind. Die Stelen stehen aufrecht.

Stupa: ursprünglich indisch; buddhistischer Sakralbau, der an die alte Form der Hügelgräber erinnert, zur Aufbewahrung von Reliquien eines Buddhas oder Heiligen. In China entwickelte sich die Form der *Pagoden* (siehe dort).

Sutra (Sanskrit): die Lehrreden Buddhas.

Taekwondo: koreanische Kampfkunst.

Taijiquan (auch: *Tai Chi Chuan*): Schattenboxen (westliche Bezeichnung); eine Kombination aus Kampf-Kunstformen und Atem- und Meditationstechniken. Viele Menschen kennen noch die historischen und philosophischen Hintergründe des *Taijiquan*. Für andere, besonders jüngere, geht es nur noch um etwas Gymnastik. Die meisten Jugendlichen in China (in den Städten) haben zwar *Taijiquan* in der Schule gelernt, aber viele von ihnen belächeln die alte Kunst heute ein wenig.

Ta Lin: der Pagodenwald, Friedhof des Klosters *Shaolin* (siehe dort), mit mehr als 260 *Stupas* (siehe dort), 1-15 Meter hoch, aus dem 9.-19. Jahrhundert. Hier ist die Asche der verstorbenen Äbte und einiger großer Kungfu-Kämpfer bestattet. Ob hier auch die Asche von *Damo* beigesetzt wurde, ist nicht gesichert. Jedenfalls wurde die größte *Stupa* auf dem Friedhof *Ta Lin* für *Damo*, den *Bodhidarma*, den Ersten Patriarchen des Zen-Buddhismus, errichtet.

Taoismus, siehe *Daoismus*.

Wok: Das ist der wichtigste und oft einzige Topf in der chinesischen Küche; der gußeiserne Allzwecktopf war ursprünglich für offene Feuerstellen gedacht; viele Chinesen auf dem Lande benutzen ihn auch noch so. Im *Wok* kann das Essen bei hohen Temperaturen (dabei werden die Gerichte oft gewendet und umgerührt) sehr rasch garen. Die Speisen sind sehr gesund zubereitet (nichts verkocht, alle Vitamine bleiben erhalten) und schmecken vorzüglich.

Wushu, wörtlich: kämpferische Techniken: hierunter versteht man alle Formen und Techniken, die mit oder ohne Waffen durchgeführt werden können. Das bekannteste ist das *Shaolin-Wushu.*

Yin und Yang: polare Kräfte und Gegensätze, die in ihrer Wechselwirkung alles Seiende symbolisieren. *Yin* steht für das Passive, den Norden, das Kalte, das Negative, Dunkle, Weibliche, die Erde, den Mond; *Yang* steht für das Aktive, den Süden, das Warme, das Positive, Helle, den Himmel, die Sonne.

Yu Fo Si, siehe *Jadebuddhatempel.*

Östliche Weisheit

Dalai Lama
Der Friede beginnt in dir
Wie innere Haltung nach außen wirkt
Band 4451
Die moderne Auslegung der wichtigsten Lehren über den Weg zu innerem und äußerem Frieden. Einer der schönsten Texte des Buddhismus.

Dalai Lama
Sehnsucht nach dem Wesentlichen
Die Gespräche in Bodhgaya
Band 4229
Menschen aus allen Kulturkreisen haben den Friedensnobelpreisträger aufgesucht und neue Impulse für ihr spirituelles Leben gewonnen.

Dalai Lama
**Tod und Unsterblichkeit
im Buddhismus**
Über die Buddha-Natur
Vorwort von Václav Havel
Band 4555

Dalai Lama/Jean-Claude Carrière
Die Kraft des Buddhismus und der Zustand der Welt
Bewußter leben in der Welt von heute
Band 4463
Westen und Osten begegnen sich im Dialog, lebendig, erzählerisch, informativ - und zukunftsorientiert.

Maha Ghosananda
Wenn der Buddha lächelt
Frieden finden - Schritt für Schritt
Vorwort von Jack Kornfield
Band 4544
In den Texten des bekannten Friedensstifters geht es um Einfachheit und Achtsamkeit, um Zorn und Liebe.

HERDER / SPEKTRUM

Eckart Kroneberg
Buddha in der City
Achtsam leben im Alltag
Band 4531
Buddha und der aufgebrachte Hauswart - Buddhismus als Lebensstil, in Langzeiterfahrung erprobt.

Daisetz T. Suzuki
Der Buddha der Liebe
Herzensgüte im Zen-Buddhismus und christlicher Glaube
Mit einer Einführung von Michael Brück
Band 4576
Der Interpret zeigt, wie nahe der buddhistische Begriff allumfassender Liebe und universalen Mitleidens dem christlichen Glauben steht.

Daisetz Teitaro Suzuki
Das Zen-Koan — Weg zur Erleuchtung
Mit einem Vorwort von Janwillem van de Wetering
Band 4452
Koans sind Rätsel, die jeder für sich löst. Sie können zeigen, wer wir wirklich sind. Die klassische Einführung.

Thich Nhat Hanh
Die Sonne, mein Herz
Wie Glück entsteht
Band 4520
Wer achtsam ist auf die Gegenwart des Lebens in uns, kommt mit dem wahren Glück in Berührung.

Li Zehou
Der Weg des Schönen
Geschichte der chinesischen Kultur und Ästhetik
Herausgegeben von Karlheinz Pohl und Gudrun Wacker
Band 4114
Li Zehou, Dissident und „einer der bedeutendsten chinesischen Denker der Gegenwart" (Süddeutsche Zeitung), läßt Kunst und Literatur des Reichs der Mitte zum Erlebnis werden.

HERDER / SPEKTRUM